有時候，
明天的煩惱往往是人們誇大想像出來的！

Emotion Management: Don't Get Mad

不抓狂的情緒控制術

贏家：10

不抓狂的情緒控制術

編　　著　洪學諺
出 版 者　大拓文化事業有限公司
執行編輯　林美玲
美術編輯　林子淩

總 經 銷　永續圖書有限公司
劃撥帳號　18669219
地　　址　22103 新北市汐止區大同路三段一百九十四號九樓之一
TEL　(〇二)八六四七—三六六三
FAX　(〇二)八六四七—三六六〇
E-mail　yungjiuh@ms45.hinet.net
網　址　www.foreverbooks.com.tw

CVS代理　美璟文化有限公司
TEL　(〇二)二七二三—九九六八
FAX　(〇二)二七二三—九六六八

法律顧問　方圓法律事務所　涂成樞律師

出 版 日◇二〇一三年一月

國家圖書館出版品預行編目資料

不抓狂的情緒控制術 / 洪學諺編著.
-- 初版. -- 新北市 : 大拓文化, 民102.01
面 ; 公分. -- (贏家系列 ; 10)
ISBN 978-986-5886-04-2(平裝)
1.情緒管理 2.生活指導
176.52　　101023634

前言

曾有兩個人在黑夜的沙漠中行走，水壺中的水早就喝完了，兩人又累又餓，體力漸漸不支。在休息的時候，其中一個人問另一個人，「現在你能看到什麼？」被問的人答道：「我現在似乎看到了死亡，似乎看到死神在一步一步地靠近。」而發問的這個人卻微微一笑說：「我現在看到的是滿天的星星和我的妻子、兒女等待我回家的臉龐。」

最後，那個說看到死亡的人，就在快要走出沙漠的時候，用刀子匆匆結束了自己的生命。而另一個說看見星星和自己妻子、兒女臉龐的人，靠著星星的方位指示成功地走出了沙漠，並成為人們心目中的英雄。

其實這兩個人所處的環境完全一樣，但卻演繹成了截然不同的命運，僅僅是因為他們的心態有所不同。你擁有什麼樣的心情，世界就會向你呈現什麼樣的色彩。

人們每天都在經歷各式各樣的事情，以及這些事情給我們帶來的諸多感受：時而冷靜，時而衝動；時而精神煥發，時而萎靡不振；有時可以理智地去思考，有時又會失去控制地暴跳如雷；有時覺得生活充滿了甜蜜和幸福，而有時又感覺生活是那麼的無味和沉悶。這就是情緒，它存在於每個人的心中，而且在不同的時期、不同的場合產生著奇妙的效果。

你是否也有過這樣的體驗：心情好時，看什麼東西都順眼、順心，連對原來不喜歡的人也有了幾分好感，對原來看不慣的事也覺得有了幾分道理；而心情不好的時候，面對再美味的佳餚也難以下嚥，對再美麗的風景也視若無睹。情緒的影響力可見一斑。

成功和快樂總是屬於那些善於控制自己情緒的人。卓越的成功者活得充實、自信、快樂；平庸的失敗者過得空虛、窘迫、頹廢。原因僅僅是因爲這兩類人控制情緒的能力不同。

善於控制自己情緒的人，能在絕望的時候看到希望，能在黑暗的時候看到光明，所以他們心中永遠燃燒著激情和樂觀的火焰，永遠擁有樂觀向上、不斷奮鬥的不竭動力。而失敗者或許並不是真的像他們所抱怨的那樣缺少機會，或者是資歷淺薄，甚至是上天不公。我們可以發現，大多數的失敗者失意時一味抱怨不思東山再起，落後時不想奮起直追，消沉時只會藉酒消愁，得意時又會忘乎所以。他們之所以失敗，往往因爲他們沒有學會控制好自己的情緒。

Emotion Management

Don't Get Mad

Contents

Chapter.01 戰勝挫折，

向前走要拋棄悲傷情緒

Chapter.02 克服壓力，從心理消除焦慮情緒

Emotion Management
Don't Get Mad
Contents

Chapter.03
放慢節奏，
輕鬆生活擺脫疲勞情緒

Chapter.04

自我暗示，

喚起走向成功的情緒力量

Emotion Management
Don't Get Mad
Contents

Chapter.05 情緒排毒，
排除扼殺自己的情緒

Chapter.06
快樂人生，
一切由好情緒造就而成

Chapter.01

戰勝挫折，向前走要拋棄悲傷情緒

人生路上，
難免遭遇挫折。

此時的我們不要悲傷，相信苦難與挫折是一所「大學」，它能豐富著我們成長閱歷。拋棄悲傷之情，尋找一個新希望，努力奮鬥，你會很快忘記失敗的痛苦與彷徨，重新煥發出生命的活力。

別為昨天流淚

世上沒有永遠的失敗，只有因放棄而失敗的。就像冬天的酷寒無法扼殺生命的躍動，巨大的困難無法摧毀我們的力量。面對著挫折，調整好心態，改變一種態度，我們將擁有全新的一切。懷著一顆感恩的心，不要爲昨天流淚，不要爲過去悔恨不已，這樣才能無愧於我們的人生！

很多時候，我們明明是站在今天，卻總是會回首昨天，對逝去的昨天念念不忘。這樣說，不是因爲昨天和我們無關，而是很多時候，是爲了自己能夠生活得更好。不管昨天的你是成功的還是失敗的，都已經成爲過去式。儘管它也會對你的今天和明天有所影響，但已不能成爲最終的決定因素。我們要嘗試著忘記昨天，尤其是不能爲昨天而流淚，因爲明天將會是嶄新的一天。

我們能夠做到今天不爲昨天流淚，最好的辦法就是不做會讓自己後悔的事。如果我們想要獲得成功就要做到未雨綢繆。這樣將來才不至於爲了昨天的失誤而後悔不已。

倘若昨天發生了你無法阻止的事情，就不要總是讓它影響你的情緒。你要把注意力集中到明天新的事情當中，這樣才能有新的機會。如果把精力用在爲過去而後悔，那麼你將一事無成。

在每個人手中，昨天、今天、明天哪個是最重要的呢？其實，今天是最重要的。昨天已經過去了，而明天還未來到，只有今天才是把握在自己手中的，今天你的所作所爲是決定自己成敗的關鍵。如果活在過去的陰影中，走不出來，成功始終都不會落在你頭上。如果你用積極的態度面對今天，甩掉昨天的包袱，不去奢望明天，這樣成功的機會才會更大。

如果昨天的你是輝煌的，請不要陶醉其中，因爲那已是過去式。只要今天的你不好好努力，一直沉浸在昨天當中，你就有可能從成功的高處跌落下來。

如果昨天的你是失意的，請不要爲它流淚，因爲它已經成爲歷史。只要今天的你好好努力，就有可能會迎接新的成功。不管昨天的你是什麼樣子的，永遠不要被它牽絆，把握今天才是最重要的。

我們在日常生活中遇到挫折時常發出這樣的感慨：「人生不如意之事十之八九」。的確，縱觀芸芸眾生，有誰能一生都活得春風得意，一帆風順，無波無瀾？答案是否定的。每個人的世界背後總有殘缺，命運就如一葉顛簸於海上的小舟，時刻會遭受波濤無情的襲擊。我們應學會忘記，忘記過去生活中不如意事帶給我們的陰影，不要常常為昨天流淚。不能有這樣的想法：「想要把你忘記真的好難」，也不能固執地搖著頭說：「痛苦的往事無法說忘就忘」。

我們不妨退一步，想一想，給人類帶來光明的太陽也有黑子，陰柔之美的月亮也有陰晴圓缺。既然，萬物都是如此，又何況我們渺小的人類呢。這樣想也許就能漸漸地擺脫昨天的陰影，坦然地面對今天的自己，微笑地迎接明天的生活。

也許我們曾經躊躇滿志，豪情萬丈，想大展宏圖，而生活的道路卻總是跌跌撞撞，崎嶇不平；也許我們樂於平凡，甘於淡泊，嚮往寧靜，而生活的海洋卻總不時掀起風浪。於是，我們會因為很多不如意的事而感到彷徨、失意和痛苦，而所有的這些煩惱，其實都是我們自己造成的。主要一個原因就是我們沒有學會「忘記」，總是對那傷心的昨天念念不忘，對過去的不如意耿耿於懷。今天的我們往往還被憂傷佔據著，在不知不覺中與寶貴的今天失之交臂。

既然我們想要獲得成功，就不可避免地會遇到失敗，因此，我們應學會忘記失敗的昨天，不能只會爲昨天哭泣。不要總把命運加給我們的一點痛苦，在我們有限的生命裡拿來反覆咀嚼回味，那樣將得不償失，百害無一利。一味地緬懷和沉醉其中，只能使我們意志薄弱，長久下來，必然會導致我們錯失時機以至一事無成。如此下去，我們的痛苦只會與日俱增。

某位教授在一次關於生活藝術的演講中，拿起一個裝著水的杯子，向在座的聽眾問道：「猜猜看，我手中的這個杯子有多重？」

大家紛紛猜測道「三十克」、「七十五克」、「一百克」……

「其實，我也不知有多重，但我拿著它一點也不覺得累。」教授說，「現在，我想問大家，如果我這樣拿著幾分鐘，會有什麼樣的結果？」

大家回答：「不會有什麼變化。」

教授再次發問：「如果像這樣拿一個小時呢，又會怎樣？」

有人回答：「手臂會有點痠痛。」

「說得對。如果我這樣拿著一整天呢？」

另一個人說道：「手臂絕對會變得麻木，肌肉說不定會痙攣，到時可能還要去醫院。」

「很好。在我手拿杯子期間，不論時間長短，杯子的重量有發生變化嗎？」

「沒有。」

「那麼拿杯子的手臂為什麼會痠痛呢？肌肉為什麼可能痙攣呢？」教授停了一下後又問道：「我不想讓手臂痠疼、肌肉痙攣，那該怎麼做？」

又有人回答：「您不如把杯子放下，這樣就可以了。」

「是的。」教授說道，「其實在某種程度上來說，我們在生活中遇到的問題，有時就像我手裡的杯子，拿幾分鐘沒事。但是，如果長時間地不願將它放下，它就很可能讓你筋疲力盡。長期下去，你的心理必然承受不了這樣的重負，到那時你就會徹底崩潰了。」

你的手中是否在拿著昨天失敗的杯子、挫折的杯子、懦弱的杯子呢？如果我們不能學會適時地放下這些杯子，就無法輕鬆地面對生活。放下，是爲了明天更好地拿起。

生活中的問題固然要重視它，不能忽視，但不能老是拿在手上。不要總惦記著它，要適時地放手，讓自己放鬆。不然，不知不覺間你會被它壓垮。

忘記昨天，是爲了有一個嶄新的今天。當我們爲一時的得失所羈絆時，我們必須懂得應該怎樣讓慘敗的昨天變成凱旋的明日。忘記昨天的煩惱，你可以輕鬆地面臨未來的再次考驗；忘記昨天的憂愁，你可以盡情地享受生活賦予你的樂趣；忘記昨天的痛苦，你可以擺脫糾纏，讓整個身心沉浸在悠閒無慮的寧靜中，體會人生多姿多采的繽紛。

忘記他人對你的傷害，忘記朋友對你的背叛，忘記你曾有過的被欺騙的憤怒、被羞辱的恥辱，你會覺得自己已變得豁達寬容。你已能掌握住自己的生活，會更加主動、有信心，去開始全新的生活。

在人生的旅途中，遇到磨難是必然的，就像有一句話說的：「不經歷風雨怎麼見彩虹，沒有人能隨隨便便成功！」

朋友們，請把握今天，不要再為昨天而流淚了！

人生沒有草稿

「人生沒有草稿，決定了就不要後悔！」

傑克和威廉姆斯是同班同學，兩人同時報名參加了英語演講，但是只能從他們倆人中選一個代表他們班參加初賽，因而在一節英語課上，老師開始了選舉唱票。

「傑，傑，傑，威，威……」唱票的同學忙得不亦樂乎，傑克卻緊張得手心出汗。在唱票的短短幾分鐘，傑克像熬過了漫長的一堂課，時間走得是如此之慢。唱票結束，傑克鬆開矇在眼上的手看去：差距懸殊！有十票的差距，而輸的人，是傑克。全班六十對眼睛都看著傑克，那夾雜著可惜、幸災樂禍、好奇的目光將傑克看得面紅耳赤，還有人小聲地說了句：「自不量力！」

傑克鼻子一酸，失落且不甘心的淚水爭先恐後地湧出。傑克不明白：為什麼有人說我自不量力，我的努力他們都沒看見嗎？

想當初傑克決定報名參賽時，傑克的同學很不屑地說：「別後悔哦。」不過，傑克滿懷信心說：「只要我決定了，就會做到底，做得完美！」

此時，有人安慰傑克道：「別哭了，人家本來就是上過英語補習班的人，你一個業餘選手怎麼能跟他比呢？」

傑克沮喪地趴在桌上，就像一具死屍，一點生氣也沒有。傑克覺得當時的決定是錯誤的，甚至他還覺得有點後悔了。

但是，第二天下午的英語課上課前，老師宣佈了一個好消息：「鑒於有的班級英語口語水準較高的同學比較多，學校又增加了幾個名額。」

頓時，全班的掌聲如雷般響起，因為這意味著傑克也可以進入決賽了。此時，傑克不禁感覺自己是天下最幸福的人，之前的努力沒有白費！

事後有人再問傑克：「你後悔嗎？」

「不後悔了！」傑克興奮地說道。

故事中的男主角，從備賽前的信心百倍，並揚言不後悔變爲失敗後對決定的動搖，就好比把人生當作了一份草稿，可以隨時後悔。

每個人總希望自己人生的畫卷是完美無瑕的，但事實卻往往都不是盡如人意。既然如此，當我們做好一個決定時，就不要後悔，即使失敗了也無憾。

鮮花會因看似不對稱的花瓣而更有情調，美玉會因一絲瑕疵而更加真實，其實，人生何嘗不是如此呢？我們的人生不是一份草稿，我們的每一筆都無法改變。不要苛求人生完美，決定了就不後悔。其實失敗也能帶給我們人生的另一種閱歷，這樣，會讓我們的人生才能更加深沉、更有底蘊！

由於貝克漢在倫敦申辦二〇一二年奧運會的過程中做出了積極貢獻，他在英國體育產業大獎的頒獎大會上，獲得了英國體育產業傑出貢獻獎。此後，他還將繼續為英國體育做出積極貢獻——他將前往美國大聯盟，在踢球的同時繼續完成自己作為英國體育文化大使的使命。

在一次採訪中，貝克漢向媒體吐露了自己的心聲：「我在本賽季很有可能奪不到任何錦標，但是即使這樣，我也對自己在皇家馬德里生涯無怨無悔。」自二〇〇三年從曼聯加入銀河戰艦，貝克漢姆還沒和球隊一起獲得過聯賽冠軍。而本賽季結束後，他將結束自己在歐洲的足球生涯，轉投美國的洛杉磯銀河隊。

顯然，這名時年三十一歲的老將認為即使這幾年沒能獲得冠軍，也不會後悔二〇〇三年轉會的決定。他說，「在皇家馬德里隊沒能獲得什麼錦標確實讓人感到意外。球隊擁有很多世界上最優秀的球員，尤其在我剛剛加盟的那一年。球隊有齊達內、菲戈、卡洛斯、勞爾以及很多球星。我也不明白為什麼沒能獲得任何冠軍，但我絕對不會為轉會到西班牙加盟『皇馬』感到後悔。」

「沒能取得勝利只是很多你不能解釋的事情之一，但我很享受在這裡的時光，我也很喜歡這裡的球迷。」貝克漢接著說。

貝克漢在那個賽季感到最失意，不僅在俱樂部不受卡佩羅的重視，失去了主力位置，麥克拉倫根本不給他入選國家隊的機會。而且，正當他找回了在皇馬的位置後，卻又遭受膝傷困擾，這將讓他缺席兩週以上……

貝克漢並不認為離開歐洲五大聯賽是職業生涯的倒退，他更看重的是享受足球、宣傳和推廣足球運動。他的另外一份工作就是推廣世界的足球運動。

「我認為這個時候是來美國的最佳時機，我什麼事都經歷過了，我並不擔心美國足球的水準。」貝克漢說，「很多只是觀念上的差異，但對我來說，是到了該離開的時候。我不想在我足球生涯的最後階段還接受其他的挑戰了。我想去能有所改變的地方，在那裡我將展示我的野心。」

貝克漢去大聯盟時年過三十二，他已經不希望再挑戰自己了。推廣足球、宣傳足球將是他職業生涯末期的重要工作。他說：「在那裡不只是踢球，而且我將做到的是一種足球大使的作用，在大聯盟或者世界的其他地方。」

不要因爲過去的失意而後悔，當我們向前走而拋棄昨天的悲觀情緒時，會發現人生新的希望又被點燃了。

地球每一天都在不停息地運轉，成功的人則會每天爲自己上緊發條，奔向自己的心中目標。

曾有一位著名的心理學教授給學生們出過這樣一道選擇題：A只讓自己站在原地，不上緊發條；B雖然不知道前途如何，但仍然上緊發條向前邁步。有一位同學毫不猶豫地選擇了B，同時他還說了一句：「我相信盡志則無悔。」十幾年後，這位同學成了一位成功的企業家。

在很小的時候，老師、父母經常教育我們：「一個人是應該有自己的志向的」，志向是我們開往夢想之船的燈塔，照亮我們前進的方向。

當我們邁出人生的第一步時，我們人生之船就開始啓航了。海的表面是平靜的，但是卻暗藏著危機。我們會飽經風吹雨打，也可能因裝備不全，糧食不足而導致航行失敗，得重新返回了起點。

我們是否要爲這次啓航而後悔呢?並不需要，因爲回來的我們已經不再是過去剛出發時的自己了。我們身上多了傷痕，心中多了經歷與勇氣。到達目的地前再多的風雨都只是在我們達到幸福快樂前的考驗，返航是爲了累積經驗再出發。道路不通則另外尋找新的道路駛向目標。這條路上充滿礁石，會使我們跌倒，也會使我們走錯路。如果我們懂得再爬起來，懂得再重新出發，這樣會使我們成長得更快。失敗，總有被我們不斷的努力而戰勝的一天，那時我們就更接近目的地了。

有自己奮鬥目標的人是幸福的。即使在奮鬥的過程中會有失敗，但我們仍能從中獲益不少。事情的結果固然是重要的，但享受過程是更加重要的。

不要害怕付出，不要害怕失敗，既然已經決定了就去實施。人生不是一份草稿，可以隨意更改。讓我們一起來勇敢地爲希望與夢想奮鬥吧！即使是挫敗了，還可以說：「至少我努力過！盡志則無悔！」

每個人都會遭受挫折

勞埃德公司是英國一家著名的保險公司，這家公司曾從拍賣市場買下過一艘船。這艘船自一八九四年下水，在大西洋上曾一百三十八次遭遇冰山，一百一十六次觸礁，十三次起火，兩百零七次被風暴扭斷桅杆，然而它卻從沒有沉沒過。

由於這艘船不可思議的經歷及在保費方面帶來的可觀收益，勞埃德保險公司最後決定把它從荷蘭買回來捐給國家。現在這艘船就停泊在英國薩倫港的國家船舶博物館裡。

不過，卻是一名來此觀光的律師使這艘船名揚天下的。當時，他剛打輸了一場官司，委託人也於不久前自殺了。儘管這不是他的第一次失敗辯護，也不是他遇到的第一例自殺事件，然而，每當遇到這樣的事情，他總有一種深深的負罪感。

有一天，他來到薩倫船舶博物館。當他看到這艘船時，忽然有一種想法，為什麼不讓委託人來參觀這艘船呢？於是，他把這艘船的歷史抄下來和這艘船的照片一起掛在他的律師事務所裡。每當有商界的委託人請他辯護，無論輸贏，他都建議他們去看看這艘船。他想讓他們明白：在大海上航行的船沒有不帶傷的，這時就看你的意志是否堅定了。

的確，正如航行在大海上的航船，在人生的征程中每個人都會遭受挫折。

在德國的一家造紙廠內，有一個造紙工人在工作時不小心弄錯了配方，生產出了一批不能書寫的廢紙而被老闆解雇。

因為失業，他灰心喪氣，愁眉不展。此時，他的一位朋友勸他：「任何事情都有兩面性，你不妨變換一種思路看看，也許能從錯誤中找到有用的東西來。」

於是，他發現，這批製造出來的廢紙可以吸乾家庭器具上的水分，吸水性相當好。接著，他把紙切成小塊，取名「吸水紙」，拿到市場去賣，竟然十分暢銷。

後來，他申請了專利，並因此發了大財。

下面還有一個故事也講述了同樣的一個道理：

巴雷尼由於在小時候生了一場大病而殘疾了。母親的心就像被刀割一樣，但她還是強忍住自己的悲痛。因為，她知道孩子現在最需要的是鼓勵和說明，而不是媽媽的眼淚。

於是，她拉著巴雷尼的手說：「乖孩子，你能夠答應媽媽一件事嗎？媽媽相信你是個有志氣的人，希望你能用自己的雙腿，在人生的道路上勇敢地走下去！」

聽到母親的話，巴雷尼「哇」的一聲，撲到母親懷裡大哭起來。

從此，只要母親一有空就陪巴雷尼練習走路，做體操，常常累得滿頭大汗。有一次母親得了重感冒。但是她為了做到以身作則，儘管發著高燒，還是下床按計劃幫助巴雷尼練習走路。大小的汗珠從母親臉上滴下來。她擦完汗水後仍然咬緊牙，幫巴雷尼完成了當天的鍛鍊計畫。

在母親的幫助下，體育鍛鍊彌補了由於殘疾給巴雷尼帶來的不便。母親的以身作則，更是深深教育了巴雷尼。同時，他還刻苦學習，學習成績一直在班上名列前茅。最後，他以優異的成績考進了維也納大學醫學院。大學畢業後，巴雷尼致力於耳科神經學的研究。最後，終於在自己的努力下，登上了諾貝爾生理學和醫學獎的領獎臺。

遇到挫折不要緊，即使被挫折打趴了也無所謂，關鍵是有沒有跌倒後再爬起來的那股勇氣。人生就好比一條漫長的旅途，其中有平坦的大道，也有崎嶇的小路，有燦爛的鮮花，也有密佈的荊棘。在這旅途上每個人都會遭受挫折，而生命的價值就是堅強地闖過挫折，衝出坎坷！跌倒時，不要乞求別人把你扶起；失去時，不要乞求別人替你找回，只要一切靠自己不懈地努力也能取得最後的成功。

在人生這條路上，我們免不了會失敗。換一個角度來說，即使輸了失敗了，也是人生中遇到的挫折罷了，這在所難免！

輸了並不意味著比別人差，也不意味著永遠不會成功，更不意味著這是人生的終點。成功人士總會說這樣的一句話：「失敗的終點往往是成功起點。」只要你敢於正視失敗，敢於拚搏，你一定會獲得成功的。

人生就像奔騰的大海，沒有島嶼和暗礁，就難以激起美麗的浪花。同樣，失敗也是我們人生畫卷中的一番景象。我們要善於把失敗作爲動力，用寬廣的胸懷撫平那微不足道的創傷。當我們在迷惘失落而又無所作爲的日子裡，只要我們努力，就會發現在陰霾下仍然挺立的蒼松翠柏，即使在黑夜路上仍然有閃爍的星輝，只要擁有堅定的信念就一定能超越失敗。

如果生活中有一千個理由讓你哭泣，你就要拿出一萬個理由笑對人生。如果我們保持「不管風吹雨打，勝似閒庭信步」這樣一個心態，就能憑著自己破釜沉舟的鬥志勇往直前。

我們要平靜地接受得失，要從容地面對環境。路就在腳下，不管過去多麼暗淡，不管未來多麼輝煌，一切的過去都以現在爲歸宿，一切的未來都以現在爲起點！

面對挫折，讓微笑點綴人生。「風力掀天浪打頭，只須一笑不須愁。」無論遇到了什麼挫折，請不要忘記微笑。因爲微笑是普照生靈不息的陽光，更是一份難得的豁達與美好。

在生活中，我們會經歷快樂也會經歷難言的痛苦。但是，無論在我們面前的將會是什麼，我們都要時時提醒自己：微笑著面對一切吧！微笑，是在樂觀中採擷一份坦然，你會更加從容地面對一切成就；而痛苦歎息，則是在悲觀中摘下一片沉鬱的葉子，只能削弱你積存的力量。

每個人都會遇到挫折與失敗。我們不如留一個微笑給挫折吧，它便會悄然轉身離去；再留一個微笑給失敗，它會成爲推動你前進的動力；還可以再留一個微笑給黑暗，它會引領你去追趕新的明天。留微笑給過去的昨天，會成就你美好的將來。

學會微笑地面對挫折吧，它是我們迷惘時波濤般的勇氣，是我們失落時靠山般的慰藉，是我們炎熱時涼爽的清風，也是我們寒冷時的溫暖爐火！

增強自己的「抗挫能力」

曾經有一個偉大的蘇格蘭國王羅伯特·布魯斯，他在被可惡的叛徒驅逐出去後，以蜘蛛為榜樣，克服了重重困難，終於回到了他自己的王國。

他為了把他的王國奪回來，打了許多仗，卻一次又一次地失敗了。於是他開始認為這一切都是白費力氣，他曾想放棄，不再奮鬥。有天清早他醒來，躺在床上，看見一隻蜘蛛在結網。這蜘蛛正要把一根絲從屋子的一頭牽到另一頭。牠試了十二次，十二次都失敗了。第十二次絲斷，牠掉到地上，牠又爬起來再試的不肯放棄，堅持下來，第十三次牠終於成功了。

國王看到這一切，深深被這隻蜘蛛的精神給折服了，他對自己說：「雖然我失敗了這麼多次，可是為什麼我不能再堅持努力呢？誰敢說我最後不能成功？」之後他再次振作了精神，透過努力，終於打敗了仇敵，重新回到他的國家。

人生一定會遇到挫折，面對挫折，不同的人會選擇不同的態度去對待，會以不同的方式去處理，也就導致了不同的結果。

把挫折放大，這樣就無法提高自己的抗挫能力了。經受過大挫折並能從中吸取教訓的人，就能從容面對小挫折了；但是從來沒有受過挫折的人，稍有不如意就會產生激烈的情緒反應。因而我們要提高自己的抗挫能力。

抗挫能力是指一個人對待挫折的承受能力。抗挫能力的大小，跟人的經歷有關，也跟人的意識、意志有關。一個能夠正確對待挫折、意志比較堅強的人，在不如意面前，情緒波動相對就比較少，抗挫折耐力則相對比較高。

生活好比大海一樣，海面不會總是風平浪靜，有時會有狂風巨浪，有時還會有逆流漩渦，而我們則如其中的一葉扁舟，不斷遇到波浪的衝擊。因此，提高自己的「抗挫能力」是很重要的。特別是青少年學生就要不斷地提高自己的抗挫折能力，為步入社會做好準備。

那麼，該如何提高我們的抗挫能力呢？我們要用積極的態度去面對困難和挫折，盡可能地不被挫折擊倒，就算被擊倒了也要爬起來。遇到挫折能爬起來我們就能得到經驗，如果爬不起來將意味著失敗。面對挫折不妨採取一些措施：對自己能承受的挫折自己承受，承受不了的，可找信任的朋友幫忙解決，說不定能解決大問題。總之，如果我們想要獲得成功，就要千方百計地抗擊挫折，讓抗挫折能力在戰勝挫折中獲得。

首先，要想有很強的抗挫能力，最好從小就開始培養，不能僅僅培養溫室裡的花朵。當人們長大後承受能力和抗挫能力，自然隨著經歷的豐富增強。

西方國家的教育很注重自立，而這正是我們教育中非常缺乏的。正因如此，這最終將會導致現代年輕人心理承受能力差和挫折感強烈。當一個剛剛學會走路的小孩突然跌倒，國外的家長會鼓勵孩子勇敢地自己站起來，而不會過多理會孩子的哭聲。事實上國外的孩子摔倒之後很少哇哇大哭，因為他們非常清楚哭是一點用都沒有的。這樣的孩子長大了，就很明白一切都要靠自己。再來看看我們國內的家長遇到這個情況的反應，絕大多數會在孩子大哭的同時，衝上前去抱起孩子，在確認沒有大礙之後，則在好言相勸的同時，照著找到的代罪羔羊——或人、或物，未必是真的造成孩子摔倒的原因，打上幾下，以安慰孩子。雖然這樣可以暫時制止住孩子的哭泣，但卻爲孩子以後缺少承受能力、善於逃避責任、沒有抗挫能力埋下了伏筆。

英國哲學家培根說過：「超越自然的奇蹟多是在對逆境的征服中出現的。」巴爾扎克也曾說過：「挫折和不幸，是天才的晉身之階、信徒的洗禮之水、能人的無價之寶、弱者的無底深淵。」我們可以從中看出一個道理，適度的挫折具有一定的積極意義，人們可以在壓力下提升自己的能力和實力，進而能創造出更爲奪目的成功。

開普勒是德國著名的天文學家，他在母親的腹中只待了七個月就早早來到了人間，從童年開始便多災多難。

他一直疾病纏身，天花把他變成了麻子臉，猩紅熱弄壞了他的眼睛，一隻手又半殘了。但他憑著頑強、堅定的毅力發憤讀書，學習成績遙遙領先他的同伴。後來因父親欠債使他失去了讀書的機會，他就邊自學邊研究天文學。在以後的生活中，他又經歷了多病、良師去世、妻子去世等一連串的打擊，但他仍未停下天文學研究，終於在五十九歲時發現了天體運行的三大定律。他在挫折面前沒有低頭，把一切的困難都化作了前進的動力，終於摘取了科學的桂冠，成為「天空的立法者」。

我們在經歷一定的挫折之後，才能提高我們的承壓能力和抗挫能力，不經歷風雨哪能見到彩虹。這樣，我們就能獲得事業的成功，並且使自身抵禦風浪的能力得到提升。挫折也是財富，它是閱歷，它是個人素質再上新臺階的基礎。

從失敗中爬起來

「失敗是成功之母」這句流傳千古的俗語還是很有道理的。在通往成功的路上，失敗幾乎是難以避免的，但對奮鬥者來說：失敗就意味著向成功又邁進一步。任何事情的成功，都與失敗有著千絲萬縷的關係。

大多數人一遇到失敗，就常常沉浸在沮喪之中、痛苦之中，進而失去了信心，有的甚至還放棄了反敗爲勝的機會。難道我們一味地痛苦，就能反敗爲勝嗎？難道我們一味地痛苦，就能改變失敗的事實嗎？回答必然是否定的。我們只有堅強地面對失敗，才能從失敗中看到成功的希望。

成功與失敗就像一對雙胞胎，是同時存在的。當你成功的時候，有著將要面對失敗的危機；當你失敗的時候，也有著將要成功的希望。我們是會成功還是失敗，主要取決於我們如何對待它們。

歷史上的很多例子都能說明這點。越王勾踐就是在十年的臥薪嘗膽後攻下了吳國的；愛迪生耗時十年，經歷無數次失敗，才製造出世界第一盞電燈。這樣的事蹟數不勝數。

英國物理學家威廉·湯姆遜也曾說過：「我堅持奮鬥五十五年，致力於科學的發展，用一個詞可以道出我最艱辛的工作特點。這個詞就是『失敗』。」可以說，奮鬥中的失敗，就是一切成功之士登上頂峰的階梯吧。

對奮鬥者來說：失敗也意味著向成功又邁進一步。成功與失敗是一個共同的整體，而失敗則是整體中不可缺少的一部分，我們應當正確看待失敗與成功。面對失敗不要悲觀，不要氣餒，哪怕是一切重新開始，只要能找到正確的方法，就能獲得成功。面對成功也不要驕傲自滿，忘乎所以，要總結成功的經驗，去迎接下一個挑戰。

今天的失敗是新的探索的開始，並不是真正意義上的完結。有的人一輩子都活得戰戰兢兢，因爲害怕失敗而不敢行動。這類的人雖然遇不到失敗，但是卻也遇不到成功。他們活了大半輩子卻不知自我有多大的本事，都沒有真正享受過成功時的喜悅。因爲他們從來沒有行動過，沒有努力過，他們沒有爲了追求屬於自己的幸福而努力，沒有爲了實現自己的夢想而奮鬥過。也可以說即使做事失敗了，走錯了一步，也遠勝於原地不動的人。

貝多芬有句名言：「乞求失敗！」爲什麼會要「乞求失敗」呢？因爲，每當失敗降臨，你不退縮而是拼命去克服，你便會發覺自己能力有所增長。失敗是你增長才能、獲得經驗的最佳途徑。失敗在悲觀者的眼裡是災難，在樂觀者眼裡是一種考驗。有失敗的考驗，才會更加成熟；有失敗的痛苦，才有成功的喜悅！

失敗使生活波折，但是我們從其中更能學到一些寶貴的東西。「亂世造英雄」過於順利的環境並非是好事，也許只會扼殺人的才華。首先，我們自己得覺得自己是有價值的人，這樣你才有可能會變成有價值的人。其次，人誰無過呢？當我們犯了錯誤時，不要一味地逃避，要設法去糾正它。

有時候，很多人還會告訴自己：「我已經嘗試過了，不幸的是我失敗了。」其實，他們並不瞭解失敗的準確涵義，當失敗後，無法從原地再次爬起來時才是真正的失敗。

很多人的一生都不是一帆風順的，難免會遭受挫折和不幸。但是成功者和失敗者非常重要的一個區別就是：失敗者總是把挫折當成失敗，進而使每次挫折都能夠深深打擊他追求勝利的勇氣；成功者則是從不言敗，在一次又一次挫折面前，總是對自己說：「我不是失敗了，而是還沒有成功。」一個暫時失利的人不會灰心喪氣，那麼他還會有成功的一天。相反的，如果他沒有從這次失利中吸取教訓，還失去了再次戰鬥的勇氣，那就是真的失敗了！

莎莉．拉菲爾是美國著名的電臺播音員，她在三十年的職業生涯中，曾經被辭退十八次，可是她每次都不灰心，而是確立更遠大的目標。最初由於美國大部分的無線電臺認為女性不能吸引觀眾，沒有一家電臺願意雇用她。她好不容易在紐約的一家電臺謀求到一份差事，不久又遭辭退，說她跟不上時代。

莎莉並沒有因此而灰心喪氣。她總結了失敗的教訓之後，又向國家廣播公司電臺推銷她的談話節目構想。電臺勉強答應了，但提出要她先在政治台主持節目。

「我對政治所知不多，恐怕很難成功。」她曾一度猶豫，但堅定的信心促使她大膽去嘗試。她對廣播早已駕輕就熟了，於是她利用自己的長處和平易近人的作風，大談即將到來的七月四日美國國慶日對她自己有何種意義，還請觀眾打電話來暢談他們的感受。聽眾立刻對這個節目產生興趣，她也因此而一舉成名。

現在，莎莉．拉菲爾已獲得兩次重要的主持人獎項，而且還自辦電視節目了。她在某次接受記者訪問時說：「我被人辭退十八次，但我並沒有被這些厄運嚇退，我反而讓它成為鞭策我勇往直前的動力。」

再看一個類似的例子。

梅西是美國知名的一位「百貨大王」。一八八二年他生於波士頓，年輕時出過海，後來開了一間小雜貨鋪，賣些針線，但是雜貨鋪很快就倒閉了。一年後他另開了一家小雜貨鋪，仍以失敗告終。

梅西在淘金熱席捲美國時在加利福尼亞開了個小飯館，本以為是穩賺不賠的買賣。豈料多數淘金者沒有淘到什麼金，也沒有錢吃飯，所以，小飯館又倒閉了。

然而梅西並沒有灰心喪氣，他回到故鄉之後，又滿懷信心地做起了布匹服裝生意，可是這一回他不只是倒閉，而且簡直是徹底破產，賠個精光。

此時的梅西還是不死心，他又到新英格蘭做布匹服裝生意。這一回他時來運轉了，他買賣做得很好，甚至把生意做到了街上商店。現在梅西百貨公司位於曼哈頓中心地區，已經成為世界上超級百貨公司之一。

一個人若失敗後便一蹶不起，只看到了挫折帶來的痛感，他就很難取得最後的成功。一個拳擊運動員說：「當你的左眼被打傷時，右眼還得睜得大大的，才能夠看清敵人，也才能夠有機會還手。如果右眼同時閉上，那麼不但右眼要挨拳，恐怕連命也難保！」有時候生活就有如這場拳擊比賽一樣，即使面對對手無比強勁的攻擊，你還是得睜大眼睛面對受傷的感覺，不是這樣的話一定會輸得更慘。勇於面對挫折，才能堅強地從失敗中爬起來。

經驗比挫折更重要

在我們的人生旅途中，前面的路有時看似平坦卻充滿了荊棘，往往使人痛不欲生。百世滄桑，不知有多少心胸狹隘之人因受挫折放大痛苦而一蹶不振；人世千年，更不知有多少意志薄弱之人因受挫放大痛苦而士氣消沉；萬古曠世，又不知有多少內心懦弱的人因受挫放大痛苦而葬身於萬劫不復的深淵……當我們面對挫折和困難時，不應放大痛苦，要面對慘澹的人生，將痛苦縮小。在某種程度上來說，挫折只是我們人生中的一種經歷、一種經驗，可以帶給我們一生的財富。

愛迪生在小時候是個不聰明的小孩，誰能料到他長大後能做出如此大的貢獻，像電燈、電話、電車、留聲機、電影、收音機等一千多種發明或改進，完全是憑著他的超人的研究精神，持之以恆的決心，加上汲取失敗的經驗而取得的。

愛迪生在發明電燈的過程中經歷了很多次失敗，選擇電燈燈絲材料時，經他篩選的礦物、金屬的種類就達到一千六百多種．因爲找不到合適的燈絲材料，使得燈泡不能維持一定時間的光亮，有許多人批評和攻擊愛迪生，甚至罵他是「幻想家」、「騙子」、「傻瓜」等，愛迪生自己也確實受到了很大的打擊。然而，憑著對科學的熱愛，他並沒有被此打倒，因爲經驗比挫折更重要，所以他重拾信心，繼續研究電燈的製作。經過長時間的不間斷實驗，在排除礦物、金屬物質的同時，他又選用各種纖維，如紙、線、植物的皮，他一共用過約六千多種物質來做燈絲。

有一天，他把試驗室裡的一把芭蕉扇邊上縛著的一條竹絲撕成細絲，經炭化後做成一根燈絲，結果這一次比以前做的種種試驗都理想，這便是愛迪生最早發明的白熱電燈——竹絲電燈。這種竹絲電燈繼續使用了好多年。直到後來，才發明用鎢做燈絲來取代竹絲電燈。

可以想像，在愛迪生做的一千多種發明的過程中，需要經歷多少挫折啊！而他卻知難而進，從來沒有退縮過，經過一次一次總結經驗，用大無畏的精神克服了所有的困難。

正是因爲從無數的失敗中吸取豐富的經驗，所以才有了他事業上的成功，才有了我們今天的美好生活。

人生就好比一塊玉一樣，再潔白的玉也有瑕疵，再成功的人生也有挫折和痛苦。面對有瑕疵的玉，有的人會認爲它一文不值，有的人卻認爲它瑕不掩瑜，正是因爲玉有了瑕疵才渾然天成、價值連城。然而，面對人生的挫折和痛苦，有的人卻誇大了挫折，放大了痛苦，感到人生無望。他們不懂得挫折能給人經驗，而經驗又能助人成功，可以說經驗勝過挫折！

亞洲金融風暴過後，經濟一片蕭條，一個破產的青年企業家和一個老企業家偶然相遇了。

年輕人滿臉沮喪地告訴老人自己的挫折和痛苦，老人便微笑著對他說：「我已經很老了，所剩的時間還不到你的三分之一；我的公司也很大，重整所需的費用更是你的三倍之多。我現在是一個又老又窮的人，面對挫折和痛苦都打算重新開始，難道你這樣既年輕又精力充沛的人還打算放棄嗎？」

老企業家的一番話讓這個年輕人頓時醒悟。從此他便更加奮發圖強，沒過幾年就將自己的公司發展壯大又重新上市了。

只有聰明的人在面對挫折時才會選擇勇敢面對，並從中獲取成功的經驗與啓示。因爲他們知道，挫折和痛苦並不可怕，可怕的是不敢正確地面對，進而被它們打倒而一蹶不振。如果我們著眼於經歷挫折後獲得的經驗，這樣挫折就會變爲成功的基礎！

「從失敗中汲取經驗，培養成功，挫折和痛苦是通往成功的兩塊最穩靠的墊腳石！」這是美國教育學家卡內基的一句名言。人只有在挫折和痛苦中摸索成功之路，汲取從挫折和痛苦中獲得的經驗教訓，才能取得成功！當我們能夠正確面對挫折和痛苦，把挫折和痛苦作爲成功的兩塊墊腳石，並將挫折和痛苦轉化爲成功的動力時，這就意味著我們即將成功。

很多成功人士都將挫折和痛苦看作是兩塊通往成功的墊腳石。當我們踏在墊腳石上面時，回首走過的路，以高遠的眼光展望未來的廣闊之路，從挫折和痛苦之中吸取經驗，大膽地邁過去，成功近在咫尺！

我們何不將挫折當成一種考驗、一種財富、一種提醒，這樣經驗會比挫折更重要。人生的道路不可能一帆風順，未來可能有更多的風雨等著我們去面對，當我們跌倒了一定要再爬起來，擦去嘴角的血跡，拍去腿上沾滿的浮塵，邁著堅定的腳步向前進。

有時候，我們換個角度看，其實失敗也是人生中一道靚麗的風景線。就好比經受風雨的玫瑰、遭受颱風的果園雖令人無奈，但卻有無限的幽香；還有那秋天凋零的楓葉，雖被狂風掃過，卻被熱血渲染。失敗是成功路上的層層山巒、洶湧的海浪，只有當我們能順利克服它們時，才能到達成功的彼岸。學會從挫折中掌握經驗，這樣才能走向成功！

面對挫折你可以說聲「不要緊」

一位教授說過：「『不要緊』這三字箴言可以使人們心境平和，對你們的進步會有很大的幫助。」

假如你容易感到受挫折，建議你在筆記本寫上「不要緊」三個大字，它可提醒你不讓挫折感和失望破壞你的平和心情。

普金斯從懂事以來，就經常見到母親為失眠而煩惱。耳濡目染，久而久之，他也把睡覺當成了沉重的負擔。

中學時代，不管普金斯在考前準備得多麼充分，卻總要為考前能否睡好覺而憂慮，成績也因睡眠品質而起伏。能否睡好覺成了普金斯能否考好試的關鍵，而平時的學習是否有成效倒好像是「無關緊要」的。

普金斯工作後參加高等教育自學考試，開始時也像以前一樣，總因擔心失眠而失眠。但考了幾次以後，他發現有沒有睡好，並不如自己以前想像的那麼重要，只要平時複習好了，即使「昨晚沒睡好」也不怎麼影響考試的發揮。於是，普金斯在心裡默默地想：不要緊。

就這樣，為了睡好覺在臨考前的晚上不複習的習慣沒了，應考時常被「昨晚沒睡好」的意念而擾亂的事也沒了。「不要緊」也讓他漸漸改掉了擔心失眠而失眠的毛病，進而，精神好了很多，學習成績也提高了。

就這樣，「不要緊」成了他生活中用以保持內心平衡的一個砝碼。

人生在世，有許多使我們的平和心情和快樂受到威脅的事情。實際上細想開來，很多時候我們都是在自尋煩惱，有些事情並沒我們想像的那樣要緊。

因一時的疏忽而做錯一道考題，因無意的舉動而受到一次批評，因偶爾的閃失而錯過一次機會，每當此時不要悔恨，不妨對自己說聲「不要緊」。

上司對你持有偏見時，「不要緊」，你仍應繼續努力，總有一天他會全面地瞭解你；初戀的情人離你而去，「不要緊」，你仍可活得很精采，心愛的人總會來到你身旁……一個人，在生命的長河裡生活，總會有許多不如意的事，許多威脅我們心靈平靜和幸福的事，這些事說穿了是無關緊要的。如果我們太介意那些無關緊要的事，就會被生活壓倒，壓得自己也喘不過氣來。

挫折是成功人生必不可少的組成部分。由於挫折，你的生命得到昇華，靈魂得到淨化；由於挫折，你才真正開始使用大腦，使用智慧，領悟人生。所以，遇到挫折不是世界末日的來臨，不如鼓起勇氣，重新上路吧。

當我們失戀或離婚時，可以藉由失去愛人這面挫折的鏡子來檢查自己。也許，我們可以發現自己身上存在的缺點，是否感情過度放肆，是否性格桀驁放任？如果，我們一味地陷在失去伴侶的痛苦裡，而不去好好地思考自己究竟是哪裡做得不對、做得不夠好。這樣，當下一段感情來臨的時候，還是會犯同樣的錯誤。不要浪費你的痛苦，從失戀、離婚中學習愛，對自己說聲「不要緊」，同時再檢討自我，這樣，你將更會愛、更有愛的能力。

因爲學業的打擊或因爲事業的危機，讓你灰心喪氣，一蹶不振。何不在失敗中、在挫折中錘鍊自己，摒棄一切多餘無益對自己是負擔的部分，它們對成功來說是障礙。我們一定不能將頹廢萎靡、喪失希望背負在身上。從這次的失敗、挫折中我們最起碼還會知道此路不通，不如立即轉身，另闢蹊徑，東山再起。

挫折是生命成長和品格成熟的里程碑，不是羞恥的，而是最值得紀念的、最值得感謝的。當我們面對挫折而感到痛苦時，不妨對自己說一聲「不要緊」。

在生命的低谷✕留下堅強的足跡

當我們處於人生的低谷時，如果能樹立堅強的信念、勇於挑戰失敗，只要站起來的次數比倒下多一次，就是成功。

人生中，有低谷也有坦途。低谷雖苦，卻能磨煉人的意志；坦途順暢，卻未必人人都能自由馳騁。在人生的低谷時如果還能看見希望，這樣才能改變自己，才能鍛鍊出超人的智慧。

前南韓總統金大中是個對苦難有著深刻體會的人，因而他更會感激苦難。幾年前他的三個兒子，在長期的逃亡與顛沛流離中，曾創下了輝煌的業績。然而當他們的地位鞏固、處境優越時，卻抵擋不了誘惑，墮落了，一個個因為貪污腐化而鋃鐺入獄。金大中看著自己的兒子這樣，也很心疼，但他希望這能讓他們吸取教訓。

他們在監獄時，金大中經常去探望他們，並教育他們，希望他們能意識到自己的錯誤。過了幾年，他們終於出獄了。經歷了這些事情也讓他們深深體會到，不管是在貧困還是在監獄的日子裡，都要靠自己的意志力走過低谷。

有一位著名哲學家曾說過：「平坦而堅硬的土地上不會留下走過的痕跡，而泥濘的土地上卻很輕易地留下了行走者的腳印。」那串腳印是一種印證，是對苦難、對成長、對櫛風沐雨中的人行走價值的印證，是泥濘對於生命的贈禮。

當人們可以走出低谷、走出泥濘的土地時，就可以使我們的意志更加堅定，即使在困境中也會感激苦難。

沒有人會說：「我的一生定能一帆風順，沒有挫折、困難，也不會有痛苦、打擊。」明智的人都清楚，人生在世，或多、或少、或大、或小都會遭受挫折、失敗與打擊。人的一生不可能一帆風順。也許你現在事事如意、事事暢達，但並不會一輩子都這樣。有時候，人生不如意之事常多，而如意之事常少。

當然，我們也不能因爲這樣而悲觀失望，過一天算一天。每個人都要做好心理準備去面對挫折，否則一旦打擊突然襲來，我們就會被打倒。這樣的事例比比皆是：有人承受不了打擊而跳樓自殺；有人因爲成績突然下滑而產生厭學心理；有人與朋友發生衝突想不開而傷害朋友等等。當我們有痛苦時，想想那些處境比我們更糟糕的人，我們就會覺得我們受到的誤解、批評，心中的委屈、煩惱，算不了什麼。同時想想如何應對逆境，如何化解苦悶，如何把困難變爲成長的契機。想想臥薪嘗膽的越王勾踐，屢敗屢戰的名將曾國藩，失聰卻成爲音樂家的貝多芬，身殘志堅的霍金等等。只要我們不自暴自棄，勇敢地面對困難、面對挑戰，認識失敗，從哪裡跌倒就從哪裡爬起，就有可能取得成功！

二十一世紀充滿著競爭和挑戰，作爲新一代的我們應該怎麼做呢？是平平庸庸，碌碌無爲地混日子；還是努力拼搏，積極實現自己的目標？相信大家都會選擇後者，選擇不一樣的活法，就能活出不一樣的人生。勇於走出人生的低谷！也要勇敢地把自己鍛鍊成一塊鋼鐵，遇到困難不退縮，受到挫折不屈服，即使在人生最困難的時候也要向前看，這樣才能看到希望、看到成功！

Chapter.02

克服壓力，從心理消除焦慮情緒

今天，

「壓力」全來了——

學習上的壓力，家庭上的壓力，心理上的壓力，人際關係網上的壓力……壓力，是我們生活的一部分。那麼如何對待壓力，克服壓力呢？

焦慮——現代人的「心病」

不知從何時開始，人們因爲芝麻大的事情也能被攪得坐臥不寧，就如同「風聲鶴唳、草木皆兵」這句話說的一樣。焦慮，這種過分的擔憂和不安，已經成爲現代人普遍存在的「心病」。

有人說，現在是一個「焦慮」的時代。一項調查曾顯示，百分之三十四的國人經常存在焦慮情緒，百分之六十二點九的人偶爾焦慮，只有百分之零點八的人表示從來沒有過焦慮，從中我們可以看到問題的嚴重性。

多數人生活的常態已變成「有壓力覺得累，沒壓力覺得可怕」這種情況了。現代的人們爲了生計，不得不辛苦奔波，進而給自己製造了很多的壓力，大家普遍認爲「時時爭得上游」才是到達幸福彼岸的唯一途徑。

現在社會的殘酷競爭無時不在、無處不在。人們工作透支、情感透支，出現了學業與就業、工作與家庭、物質與精神收獲等諸多矛盾，以致他們對即將發生的事情缺乏判斷，覺得自己根本找不到解決問題的方法；把握不住瞬息萬變的社會，完全不知道將來會發生什麼事情；對自己要求過高，又因爲達不到要求而充滿自責。

人們天天疲於奔命，卻依然會陷入顧此失彼的境地。於是，他們開始擔心事業失敗，擔心失業隨時可能降臨，擔心失戀，擔心發生交通事故，擔心自己會得癌症或別的什麼重病，擔心自己沒有購屋能力或是將來漲價了更買不起……人們陷入了毫無理由的杞人憂天心理中而無法自拔。久而久之，人們開始了與焦慮症的持續搏鬥。

美國著名學府哈佛大學一度最受歡迎的選修課竟然是「幸福課」，聽課人數超過了王牌課「經濟學導論」。而教授這門課的是一位名不見經傳的年輕講師，名叫沙哈爾。沙哈爾在一週兩次的「幸福課」上並沒有大講特講該如何成功，而是深入淺出地教他的學生：如何更快樂、更充實、更幸福。

沙哈爾說道：「在哈佛，我第一次教授積極心理學課時，只有八個學生報名，其中，還有兩人中途退課。第二次，我有近四百名學生。到了第三次，當學生數目達到八百五十人時，上課開始讓我感到緊張和不安，特別是當學生的家長、爺爺奶奶和那些媒體的朋友們，開始出現在我課堂上的時候。但是，我知道我不能因為我的焦慮而影響到我的教學品質，我從心理上、身體上多方面克制自己，並且多在人多的地方說話。這樣，當時間長了，我上課的這種緊張和不安感自然而然也就被消除了。」

校刊和《波士頓環球報》等多家媒體，報導了積極心理學課在哈佛上課熱烈的情景，使得沙哈爾成了「哈佛紅人」。

「幸福課」為何會在哈佛大受歡迎，現代人們的物質生活大大豐富，可為什麼還是不開心呢？但是，其實就連沙哈爾本人也曾經不快樂了三十年。

他在哈佛從本科讀到博士，成為三名優秀生之一，他曾被派往劍橋進行交換學習，還是個一流的運動員，在社團活動方面也很活躍。但這些並沒有讓他感到持久的幸福，他承認自己的內心並不快樂。

「最初，是我的經歷引起了我對積極心理學的興趣。我開始意識到，內在的東西比外在的東西，對幸福感更重要。透過對這門學科的研究，讓我受益匪淺，因而我想做一名教師，把我所學的東西和別人一起分享。」

二〇〇四年是沙哈爾第二次開設「幸福課」，這年哈佛校報上有一篇報導：《學校面臨心理健康危機》，標題下的導語說：在過去的一年，絕大多數學生感到過沮喪和焦慮。文章引述了一位學校舍區輔導員寫給舍區主管的信。

這位輔導員寫道：「我快崩潰了。」在他分管的舍區內，有二十個學生出現了心理問題。一個學生因爲嚴重焦慮而無法完成學期作業；另一個學生因爲精神崩潰而錯過三門考試……

哈佛校長見到了這封信後，強調該舍區的問題並不是特例。由此可見，在哈佛焦慮的學生人數之多。大多數哈佛學生還沒意識到。即使那些表面看來很積極、很棒的學生，也很有可能正在被心理疾病折磨著。即使你是他最要好的朋友，也未必意識到他有心理問題。

不止一位學生說：「在內心深處，我經常覺得自己會窒息或者死去。」他們總會時常不明原由地哭泣，總要把自己關起來才能睡覺。很多人爲此看心理醫生，吃心理醫生開出的藥，甚至休學，但似乎並沒有什麼功效。他們都這樣描述自己：「我是一個成績優異的哈佛精神病患者。」

哈佛一項調查發現，越來越多的學生面臨心理健康危機。調查結果：過去的一年中，有百分之八十的哈佛學生，至少有過一次感到非常沮喪、焦慮。百分之四十七的學生，至少有過一次因爲太焦慮而無法正常做事，百分之十的學生曾經考慮過自殺……

許多美國人都不明白爲什麼自己越來越富有，卻還是不開心呢？在美國，據統計焦慮抑鬱症的患病率，比起六十年代高出十倍，焦慮抑鬱症的發病年齡，也從六〇年代的二十九點五歲下降到今天的十四點五歲。而許多國家，也正步往美國後塵。一九五七年，英國有百分之五十二的人，表示自己感到非常幸福，而到了二〇〇五年，只有百分之三十六感到自己非常快樂了，但英國國民的平均收入卻是一九五七年時的三倍。由此可見，焦慮已經成爲現代人生活的一部分。

當我們患上焦慮症後，會長期處於緊張和焦慮之中。這樣的擔憂會嚴重降低工作能力以及與他人相處的能力。這種獨立解決問題能力的下降，會使人的事業和家庭生活停滯不前，甚至出現惡性循環。

如果你感到全身乏力，生活和工作能力下降，有時候甚至連簡單的日常家務工作都沒辦法勝任，還時常伴有失眠、早醒或夢魘等睡眠障礙，你就要開始懷疑自己是否患上焦慮症了，並要及早治療。

真的患上焦慮症時，一定要找出產生「焦慮」的根源。「焦慮」一般產生於「不確定的狀態」，而減少「不確定」的方法就是必須逼著自己「做決定」。一旦下了決心，你就可以清楚地知道下一步應該做什麼。然後就要勇敢地「放手去做」。

做任何事情都會面臨挑戰，有時出現緊張是很正常的，不要過多地去想結果。一般來說，我們最害怕的事往往也是最能從中獲取成就感的事，所以不妨用正面的情緒來看待這些事情。我們應該不斷地給自己心理暗示，這樣，才能變壓力爲動力。

同時，我們還要多結交些性格開朗的朋友，多和自己的好朋友說說心事。在愉快的聊天聲中，他們的意見或想法就能夠幫助你減少壓力，進而避免由此而產生的焦慮。還有，適量地運動也有助於減壓，能抑制焦慮情緒的產生。當你發現有焦慮的「苗頭」時，不妨去室外打打球、跑跑步，就能防微杜漸了。相信只要能做到這幾點，焦慮的情緒是不會影響我們的。

長期焦慮危害身心健康

大多數人對「抑鬱」這一名詞已不再陌生，但另一種情緒障礙「焦慮」正在侵害現代人的身心健康。與抑鬱症患者所表現出的情緒低落、活力減退、做什麼事都沒興趣不同，焦慮症患者經常表現爲心神不寧、煩躁不安、心跳加快、呼吸急促、入睡困難。長期性的焦慮可導致多種身體疾病，如高血壓、冠心病、胃腸疾病甚至癌症等。

從臨床表現來看，四、五十歲的更年期婦女所具有的焦慮特徵比較明顯。一些企業家因爲工作壓力大，經常處於緊張狀態，也容易焦慮。此外，像大學生一時找不到工作，戀愛中發生挫折，或是學業繁重，也有可能陷入焦慮。目前的研究發現，焦慮和抑鬱在遺傳、生化、免疫、內分泌、生理等方面既有聯繫又有不同。也有人說焦慮是抑鬱的前兆，很多人焦慮過度，就會發展成抑鬱。

每個成年人時刻都面臨著來自事業、家庭、社會等各方面的壓力，所以更容易焦慮。最新的研究顯示：焦慮對於男性的危害不亞於高血壓，它使男性更容易罹患心臟病、心律失常以及其他一些疾病；同時焦慮也會使女性的壽命明顯地縮短。

美國流行病學研究所的伊克爾博士，對三千六百八十二名平均年齡在四十八到五十五歲的人進行了爲期十年的追蹤研究。結果顯示：焦慮水平比常人高的男性，有大約百分之二十五患上了心臟病，而且他們的死亡率比正常人高百分之二十三。同時，這些男性中有百分之二十四的人患上一種容易使人抽搐和死亡的「心房纖維性顫動」的疾病。對於女性而言，這十年中焦慮水準高的女性的死亡率，比其他女性高了百分之二十三。

所謂焦慮，就是一種急切、煩躁的企盼，及期待的事情發生的心情。焦慮來源於急躁，也就是熱切的，渴望的，同時也有憂慮的意思。人的思想是後天的產物，包含有一定的主觀因素，因此和自然規律存在差距。自然法則是不以人的意志爲轉移的，因此人的某些思想有可能就是妄想、臆度。如果非要期待這些思想在將來發生，那只能使人處在長久的焦躁的期待之中。

有個相聲叫《扔靴子》，說的是一位老人在樓上的房客扔下一隻靴子後，一直在等待第二隻靴子而不得，以至於一夜沒睡。老人的這種狀態就是焦慮。焦慮的產生源於以前的思維模式，也就說老人過去的經驗使他形成了下意識的條件反射。聽到房客上樓扔下第一隻靴子以後，心裡就開始期待第二隻靴子落下的聲音，這就是因思而慕，慕而不得，期待越來越久遠，也就形成了焦慮。不必笑話這個老人，其實我們每個人都多多少少有類似的焦慮。過年放鞭炮的時候，聽到「轟」的第一聲以後，你是不是在內心期待著第二聲的炮響。一旦聽到以後是不是心裡很踏實？如果一直沒有聽到會不會心裡有種焦躁的感覺？

為了避免焦慮的產生，我們應該檢討自己固有的一些思維模式和情緒習慣，避免非此即彼極端的思維。當然最重要的是人應該多經歷磨煉，識多見廣了，就知道一種原因會有多種結果，也就不會鑽牛角尖了。例如說「有志者事竟成」、「皇天不負苦心人」、「善有善報」等等說教，其實都是不一定的。有的需要時間，所謂的時候不到，有的還需要其他條件。焦慮是急切地企盼將來發生的事情，後來人們把焦急地害怕擔心將來發生的事情，也歸到了焦慮之中。這種心態也是早期心理情緒創傷形成的條件反射和放大，形成絕對的「有因必有果」的情緒習慣。焦慮患者根本不去考慮條件變化對結果影響，以至於看到小苗頭、端倪就預想惡劣結果的發生，然後就陷入極大的驚恐痛苦之中。最著名的例子就是「杞人憂天」。這種焦慮持續久了，人就會悲觀抑鬱，病得更深。臨床上很多人會以焦慮爲主訴來求診，也有人以被診斷爲焦慮症來尋求中醫治療。患者以年輕及中年女性居多。初期症狀有點類似中醫的髒燥，《金匱要略·婦人雜病脈症並治》：「婦人髒燥，喜悲傷欲哭，像如神靈所作，數欠伸。」嚴重的焦慮患者會間歇性出現莫名其妙的恐懼、害怕、緊張和不安，甚至產生瀕臨死亡感。患者擔心自己會失去控制，可能突然昏倒或「發瘋」。

同時，焦慮也是大學生中比較常見的情緒問題。不少學生在遇到學習成績不理想、失戀、生活受挫、家庭出現意外等刺激後，心理上無力承受由此帶來的壓力而出現劇烈情緒的反應。焦慮在這些學生的行爲上表現爲，喪失學習和工作的興趣及動力，反應遲鈍，無精打采，拒絕交際，迴避朋友，並伴隨著食欲減退、失眠等不良反應。大多數學生多少都有過這種消極情緒，但持續的時間比較短暫。當然，其中也有少數性格內向、孤僻、自尊心強、懷疑心重、承受挫折能力低的學生容易長期陷入焦慮狀態，導致焦慮性精神症的出現。有些患者因認爲人生無味而有過自殺的念頭，甚至會採取過自殺行爲。

長期焦慮也會危害人的心理健康，也很容易轉爲慢性焦慮，使人的意識範圍變得狹窄，認知評價能力無法正常展現。他們往往過高地評價別人而過低地評價自己，使人的情緒難以穩定，終日焦躁不安，自制力減弱，進而使人的人格結構遭到損害，易退縮，好幻想，過分膽怯或害羞。使人的心理反應過於敏感，經常猜疑或挑剔；使人的社會適應能力大大削弱。最終在生活上缺少主動性，以致喪失幸福感。

長期焦慮也會對生理健康造成危害。過度、長期的焦慮，是多種身心疾病的誘因之一。它在不同程度上破壞人的神經系統、心血管系統、消化系統、呼吸系統和內分泌系統的功能，對人的身體健康有著嚴重危害。

由此可見，焦慮情緒對人類健康的威脅是非常大的。要想在現代緊張而忙碌的生活中保持健康的身體，我們必須時常對我們的心境和情緒進行關注。研究顯示，焦慮常以疲勞、頭暈和心臟不適等病理方式表現出來。如果以上症狀長期存在，要及時求助於專業醫療機構，幫助我們做出準確的判斷，同時協助我們儘快擺脫焦慮的狀態。

如果產生了焦慮情緒，應正視事實，不要迴避，反省自己的生活方式與生活處境，並積極主動地尋求解決之道。

「成功╳焦慮症」

許多人都在尋求成功之道，社會上各種學習班、培訓班比比皆是，似乎拿什麼證照、懂了電腦、會了英語就能爲我們打開了成功之門。美國著名心理學家特爾曼對八百名男性進行了三十年的追蹤研究，發現成就較大的百分之二十與成績較小的百分之二十之間，最大的差別並不在於智力水準，而在於心理素質。

現代人對成功抱有很高的期待，一旦不能如意或落魄失意，他們就可能陷入一種欲罷不能的焦慮之中，這就是所謂的「成功焦慮」，也可以稱爲「成功焦慮症」。

從醫學角度看，適度的焦慮原本不是壞事，它可以視同爲一種憂患意識，能使人警醒、催人奮進，具有積極的意義。但過度的焦慮，就成了一種心理障礙，使人充滿了長久的、糢糊的憂愁和擔心。一般的焦慮都有一定的誘因，「成功焦慮症」的誘因，主要在於社會意識對所謂「成功」的片面認定與過度強化。人們耳目所及的能賺錢、賺大錢、名車豪宅、出人頭地、衣錦還鄉、名利雙收，通通都是「成功」的代名詞。當社會是一個崇尚奮鬥成功，以成敗論英雄的時代，在一般人眼中，人的價值就已經簡單到只用金錢來衡量的地步。

現代人要成功、要出人頭地、要出類拔萃的願望十分強烈，很難做到保持一顆平常心。長久下來，就逐漸讓人失去了體會生命本來樂趣的能力，使得許多人變得思維遲鈍，精神萎靡，內心緊張不安，這已成爲現代人產生過度焦慮的重要根源。

曾經有過一個案例：一個年僅十五歲的農村女孩，下決心要以最快的速度賺一筆大錢，於是綁架了親戚家的孩子，以此勒索二十萬元。是什麼讓一個純樸的農村女孩異想天開並因此發展爲鋌而走險？「成功焦慮症」恐怕是一個主要的原因。

你是否意識到，人們也許都有某種程度的「成功焦慮症」——渴望擁有多種「身外之物」來證明自己成功的人。由於對成功抱有迫切的期待，他們整天和他們眼中的「成功人士」攀比。他們希望找到一種「成功學指南」進而找到出人頭地的捷徑，比其他人更風光、更成功，簡直如同吸毒的人上了癮一樣。於是，他們開始不滿足於自己現有的優越條件，陷在焦慮中無法自拔。

成功學書籍在大學的氾濫流行，從另一個方面反映出我們當前大學生缺少更高的價值取向。當自己的努力到達自己能力極限的時候，他們已心力交瘁。一旦看到別人比自己優秀、比自己更好、社交又如魚得水就心生妒忌甚至怨恨，等不及成功的如約而至，而渴望找到成功的小技巧，讓它提前到來。

毫無疑問，「成功焦慮症」不但無助於成功，反而會讓成功與我們漸行漸遠。那麼如何擺脫「成功焦慮症」的困惑呢？

爲了避免「成功焦慮症」的侵擾，必須改變那種把所謂「成功人士」渲染成時髦而偉大的時代英雄的價值取向。要培養自己實事求是的成功觀念，做有遠見、有耐心、從容大氣又務實的人。

成功雖然有一些外在的評價指標，但更多卻取決於當事者的內在感受：一個人對自己的成功認可度，與他在事業上取得成就的大小，特別是所擁有物質財富的多寡之間，並無必然的聯繫。我們應該建立起新的評價體系，即只要在自己的領域和地域，在不同層次和程度上做出成績，就應有自己的尊嚴和成就感。只要踏實而負責任地走好生活的每一步，我們每個人都該認爲自己是成功者。

總之，人應該學會享受生活，鬧中取靜。追求成功無疑應成爲生活的重點之一，但它不應是生活的全部內容。在我們的時間計畫表上，不該遺忘親情、友情和愛情，也不能排斥健康的娛樂。事實證明，健康的娛樂和適度的體育鍛鍊，都能有效地舒緩焦慮症狀。同時也有助於人們消除疲勞。

只有抛開名利枷鎖，走向自然，擁有健康，做生活的主人而不爲生活所奴役，才能使你遠離焦慮。記住：別讓「成功焦慮症」擾亂了自己。

不要預支明天的煩惱

從前，有一位小和尚，每天早上得清掃寺廟院子裡的落葉。尤其在秋冬之際，在冷颼颼的清晨起床掃落葉實在是一件苦差事。每一次起風時，樹葉總隨風飛舞落下。每天早上都需要花費許多時間才能清掃完樹葉，這讓小和尚頭痛不已。他一直想要找個好辦法讓自己輕鬆些。後來有個和尚跟他說：「你可以今天早上打掃時就用力搖樹幹，把落葉統統搖下來，這樣，明天早上就不會有樹葉了。」

小和尚聽了很贊同這個說法，於是第二天他起了個大早，使勁地猛搖樹幹，這樣，他就可以把今天跟明天的落葉一次掃乾淨了。這一整天，小和尚都非常開心。

第二天，當小和尚來到院子時，不禁傻眼了，因為院子裡如往日一樣是落葉滿地。

此時，有位德高望重的老和尚走了過來，「傻孩子，無論你今天怎麼用力，明天的落葉還是會飄下來啊！」他意味深長地對小和尚說。

現實生活中也有很多像小和尚這樣的人，企圖把人生的煩惱都提前解決掉，以便將來過得更好、更自在，徹底地無憂無慮。而實際上，很多事是無法提前完成的。過早地爲將來擔憂，除了於事無補外，只能讓自己活得很累、很無奈。「活在當下」說得還是有一定的道理的，就是指要努力過好現在。

如果想要使自己過得輕鬆，就不能預支明天的煩惱，不想著早一步解決掉明天的煩惱，應該努力把握好今天的事情。實際上，等煩惱來了，再去考慮也不遲。況且，明天的煩惱，你又怎能提前解決呢？更重要的是，有時候明天的煩惱往往是人們誇大想像出來的。

今天是無法解決明天的煩惱的。但是，只要保持堅強的心態，即便明天有任何困難出現，也可坦然去面對、解決。況且，再幸福的人也有煩惱，再不幸的人也有快樂。世間的每個人都有喜怒哀樂，抱著煩惱不放，就會把快樂丟掉。如果要選擇哭著活一天，還不如選擇笑著活一天，開開心心地過好今天才是最重要的。

土灰色的沙鼠是生活在撒哈拉大沙漠中的一種動物。每當旱季到來之時，這種沙鼠都要囤積大量的草根，以準備度過這個艱難的日子。沙鼠在整個旱季到來之前都會忙得不可開交，牠們滿嘴含著草根在自家的洞口上進進出出，辛苦的程度是可以想像的。

但是，即使沙地上的草根足以使牠們度過旱季，沙鼠也仍然要拼命地工作，必須將草根咬斷運進自己的洞穴，這樣牠們似乎才能心安理得，感到踏實。否則便焦躁不安，這是一個很奇怪的現象。

經過研究顯示，沙鼠完全可以不用這樣勞累和憂慮，這種現象是由一代又一代沙鼠的遺傳基因所決定，是出於一種本能的擔心。沙鼠經常做了一些相當多餘，又毫無意義的事情。可以說，沙鼠就是預支明天煩惱的典型例子。

下面的這則故事也講述了同樣的道理，這是一個丹麥的民間故事。

有一個鐵匠，家裡非常貧困，因此他經常擔心：如果我病倒了不能工作怎麼辦，如果我賺的錢不夠花了怎麼辦？結果，他嚴重地預支了明天的煩惱，這些煩惱壓得他喘不過氣來，漸漸地他的身體也越來越弱。

有一天，他突然昏倒在街上，此時剛好有個醫學博士路過。博士在詢問了情況後十分同情他，就送了他一條金項鍊並對他說：「不到萬不得已，千萬別賣掉它。」鐵匠頓時覺得沒有什麼後顧之憂了，於是高興地回家。

從那天以後，他不再像以前那樣經常考慮明天的煩惱，因為如果他實在沒錢了，就可以賣掉這條項鍊。就這樣，他白天踏實地工作，晚上安心地睡覺，也逐漸地恢復了健康。後來他的小兒子長大成人後，鐵匠家的經濟也寬裕了。有一次，他把那條金項鍊拿到金子店裡估價，老闆告訴他這條項鍊是銅項鍊，而且只值一塊錢。這時，鐵匠才恍然大悟：「原來，博士是想治好我的病，而不是想給我一條金項鍊。」

我們可以從中悟出這樣的道理：預支明天的煩惱是徒勞無功的，做好今天的功課，就是對付明天煩惱的最好法寶。當我們把心頭的那個沉重包袱放下時，原來焦慮的那些令人不安的後果，往往也難以發生。

人應當做生活的強者，而不是逃亡者。遇山繞行、遇水改道只能從表面上暫時避開煩惱，並不能得到真正的解脫。遇到煩惱時不要害怕、不要退縮，只有遇山開路、逢水搭橋才能徹底解除心中纏繞的束縛，才能真正地解決問題。

大仲馬面對煩惱時可以平淡地說：「人生是串無數小煩惱組成的念珠，懂得人生價值的人，會笑著數完這串念珠的。」簡簡單單的一句話，卻道出了人生的真諦——笑對煩惱！人生有無數的煩惱：大至生老病死，小至柴米油鹽……當我們面對它們時，能否做到像大仲馬那般的坦然、那般的從容呢？

舉世聞名的拳王阿里在一九七三年三月底的一次拳擊比賽中，被名不見經傳的肯．諾頓打碎了下巴，以慘敗告終，輿論界大嘩、嘲諷、挖苦的信件雪片般飛來。面對這種煩惱，阿里表現得相當冷靜，重新認識自己失敗的原因。他把這些意外的打擊變爲行動的動力，毫不鬆懈地苦練。終於，他在洛杉磯的比賽中一拳打敗了肯．諾頓，重新取得勝利，並重新贏得了掌聲。我們不得不佩服他對待煩惱的樂觀精神和積極態度，也正是因爲他的這種心態，才能在人生中取得成功。

如果我們想成爲生活的強者，就必須笑對煩惱。因爲微笑能保持在心平氣和的狀態中，也往往能找到解除煩惱的途徑，將生活中一個個「攔路虎」清除，把坎坷的小徑踩成一條康莊大道。

只有笑對煩惱，才能真正懂得人生價值。因爲在煩惱面前，愈是悲觀逃避，就愈使它變本加厲。而人生的價值在於拼搏進取，在於用自己堅強的意志去排除一切障礙。就像在風雨暴虐的大海上行船的人，如果他不敢與之抗衡，被暴風雨的氣勢所嚇倒，他就只有葬身海底的歸宿。當面對煩惱時，如果能以頑強的毅力不懈拼搏，憑著不到目的不甘休的信念，就能達到勝利成功的彼岸。

其實，在我們的一生中，時時刻刻都會遇到不同的煩惱。如果我們以逃避的方式面對煩惱，就只會終日在煩惱中掙扎；相反的，如果我們能以頑強的毅力、不懈拼搏和樂觀的精神面對煩惱，就一定能克服煩惱。請仔細體會一下大仲馬的話，它會讓你不再預支明天的煩惱，使你成爲一個笑對生活的強者！

消除焦慮的程式

芳雅是一間著名公司的員工，但她最近總是吃不下睡不好，一天到晚老想著心事，處於一種焦躁不安的狀態，對做什麼事情都沒有興趣。一下子想著公司要精簡組織，自己會不會被裁員，一會兒又想著女兒今年要學測的擔心著她的前途……

其實，芳雅的這種情緒就是一種焦慮的表現。焦慮是一種類似於擔心害怕的情緒體驗。對於焦慮者來說，往往並不是已經身臨困境或危險的境地，而是預感到有什麼不安的事情將要發生，或者對事情可能出現的各種後果把握不定。即使是大人物也會經常患有焦慮之病。

格蘭斯頓曾任四任英國首相，但他每次講演前都會失眠兩晚。他說，他一方面擔憂他該說些什麼話，一方面又要擔憂什麼話他不該說。

卡利爾是美國一名著名的工程師，但是他有一次把一項工作搞砸了，讓公司造成巨大的損失。這一個挫折猶如當頭一棒，把他給打醒了。他覺得痛苦萬分，好長的一段時間都睡不著覺，且長期處在焦慮之中。

後來，卡利爾知道不能一直這樣下去，他告誡自己這種憂慮是多餘的。於是，他開始平靜下來想著解決問題的方法，這種強迫自己平靜下來的心理狀態非常有用。三十多年來卡利爾一直遵循著這種方法，遇到事情就命令自己「不要激動」，進而讓他再也不會處在焦慮之中了。

從某種程度上說，焦慮本身就是一種模糊不清的、莫名其妙的擔心，因此有焦慮感的人，最好能把自己的擔心對親朋好友傾訴出來。如果沒有合適傾訴的人，也可用筆寫在一張紙上。如此可有以下的效果：

可以將心裡混淆不清、心亂如麻的問題理出頭緒；原以爲是重要無比的事情，卻可能讓你忽然覺得「不過如此」；原以爲是不大的事情，竟是關鍵所在；冷靜面對，可以找出解決問題的對策。

如果我們遇到困難時只是一味地煩惱下去，就只會讓事情變得更壞。因爲苦惱會破壞你集中思維的能力，你的思想會因爲苦惱而不能專心，你也會因此而喪失當機立斷的能力。此時不妨冷靜地問自己：「這件事最壞又會壞到什麼結果？」當你答覆了這個問題後，你的焦慮就會消失了大半。然後，可以制訂一個行動計畫來代替你的焦慮。這種方法總共分爲三個步驟：

第一步：冷靜地分析情況，設想已出現的困難可能造成的最壞結果。例如卡利爾面對當時的情況，再壞也不會去坐牢，頂多辭職。

第二步：估計可能出現的最壞後果之後，應做好勇敢地承擔下來的思想準備。我們可以在心裡對自己說：「也許這一個失敗會在我一生中留下不光彩的一頁，進而影響自己，甚至丟掉工作。可是即使自己在這裡把工作丟掉了，還是可以在其他地方找到工作，這算不得什麼了不起的大事。」如果我們能這樣想的話，就會感到輕鬆多了，心裡也會出現從未有過的平靜。

第三步：心情恢復平靜之後，應再全心全意地投入到工作上，以儘量設法排除最壞的後果。

一位著名的心理學教授，他教導患者還可以使用「感知行爲治療」來對抗焦慮。這種辦法的目的在於改變導致焦慮的思維方式。他建議如下：

1焦慮時問問自己，焦慮是否有效或無效

你的焦慮是否會在未來一、兩天帶來一系列行爲？你會做些什麼來消除這種焦慮？它會一項項地發展下去嗎？如果不是，這就是無效的焦慮。

2你是否願意接受不確定性

所有焦慮的核心問題之一，是你對待不確定性的態度。我對人們說的一件事情是在不確定的日子裡，想一下你做的所有事情：逛街，上餐館吃飯，對陌生人問好，搭電梯，搭飛機。這些都有不確定性，你沒有絕對的把握，願不願意接受。

3寫出自己的焦慮

不妨用三十分鐘寫下你的焦慮，然後放在一邊，這樣你就不會整天都悶悶不樂。這樣做的目的之一，不是讓你得到確定性而是感到厭倦。厭倦很有用，能讓你懶得去想。

4思考自己的焦慮範圍是否關係到你的生活

如果煩惱已經影響到你的工作、生活、學習、甚至家庭，就好好考慮一下，這樣有必要嗎？

5你如何對待失敗

焦慮者傾向於認爲失敗是災難性的，他們往往相信如果想到失敗，他們就會失敗。其實，人們擔憂的絕大多數事情，往往不會產生太消極的結果。

6多利用你的情感，而不是焦慮

當你焦慮時，不妨多從家庭或朋友中尋找溫暖、尋找呵護，這種情感會在一定程度上減少你的焦慮。

7及時回顧一下

看看你以前擔憂的事情是否都產生了消極的結果。這樣你會發現，其實每次的結果並不會那麼可怕。

當我們焦慮時，不如敞開心扉，感受生活的多姿多采，化解焦慮，遠離焦慮。

用平常心╳打敗焦慮

現代社會，壓力越來越大，因而有很多讓人焦慮不安的原因。由於各方面的壓力，時代越來越要求人們不能失誤，當人們做錯事時就會自責、就會懊悔。

這種時代的緊迫感與自我要求的對應，常常使人忘記了自己是一個具有情感與缺陷的自然人。人不可能是萬能的，人就是人，切不可以把自己當作一個想爲成就而活著的人，那是非常可笑而又失真的。不克服這一點，人會永遠處在焦躁不安中，嚴重的還會過勞死。不如，用保持一顆平常心來對待一切，這樣就可以打敗焦慮！

持平常心處世，克服焦慮，必能立於不敗之地。別小看「平常心」這三個簡單字，但在生活中，卻是人人都難超越的一道牆。因爲我們並不懂得何爲真正的平常心，也不懂得怎樣來保持自己的平常心，更不懂得怎樣來利用平常心。

首先，平常心是一種心境，不僅是對待周圍的環境要做到「不以物喜，不以己悲」，更要對周圍的人事做到「去留無意，寵辱不驚」。只有在這種心境下才可能遠離焦慮，才能讓我們以一份平靜和諧的心態對待生活。

其次，平常心還是一種境界。慧能大師曾說：「本來無一物，何處惹塵埃」，他的這種超脫物外、超越自我的境界正是平常心最好的解釋。像慧能這樣的大師，他們不是「看破紅塵」，更不是消極遁世，而是表現出了一種積極的心態。以平常心觀不平常事，才會達到淡然處世的境界。

有人曾問過一個和尚：「和尚修行，還用功否？」

和尚回答說：「用功。」

「如何用功？」那個人接著問道。

和尚回答：「饑則吃飯，困則即眠。」

「為什麼我和你一樣就不算用功呢？」那人非常奇怪地問。

和尚笑著搖搖頭：「我們和你當然不一樣了。你該吃飯時不好好吃飯，該睡覺時不好好睡覺，整天千種計較，萬般思量，心不寧靜，怎麼叫做用功？如何算得修行？」

真正的平常心就是享受生活中的平凡和簡單。只要能把心態放平穩，不被外界的動亂干擾，就是擁有一顆真正的平常心。

一般來講，保持一顆好的平常心可以讓我們從中收益許多：

1平常心可以增加個人魅力

寬宏大量的人才會擁有一顆平常心。對待別人的錯誤或者是誤解往往都是淡然一笑，不予理睬。他們並不是看輕對方，而是一種無聲的諒解，他們在無形中對自己形象的維護達到了一箭雙雕的目的。因此他們的形象也在這種無聲的淡然一笑中漸漸樹立起來了。

當面對別人的讚揚時，還要保持一種平和的心態。不是斷然拒絕這種恭維，更不是欣然接受這種讚揚，他們僅僅想表現的只是自己這顆溫和的心，因此他們的人格魅力也會在對方心中留下深刻的印象。

2平常心可以給人誠信的印象

一般愛慕虛榮的人是沒有平常心的。他們每天爲了張揚自己而說各種冠冕堂皇的話，做各種違心的舉動，久而久之就給周圍的人一種不誠實的印象。特別是在名和利面前，他們更是受不了誘惑，把持不住自己。

而擁有平常心的人則光明磊落，做事坦坦蕩蕩，不虛假也不掩飾，也不會在名利面前亂了手腳，去做一些有損名譽的事情。他們把名譽看得比什麼都重，更不會有意去損毀自己的名聲，因此這類人往往會給對方留下誠信的印象。

3有一顆平常心，可以讓我們正視自己的缺點和不足，並時時進行反省

擁有平常心的人會把一個真實的自己擺在周圍的人眼前，不會掩飾自己的缺點。他們希望周圍的人能幫他們挑出不足和欠缺的地方，他們懂得要時時進行自我反省，才能真正對得起自己。換句話說，他們能把自己看得很清楚，並不斷地進行自我審查，可以正視自己的缺點和不足。

他們遇到困難時會比較理智，一般很少犯錯誤。因爲他們很瞭解自己，很瞭

解自己的優點，也很瞭解自己的缺點，完全可以做到非常自然而不受任何約束。他們知道自己該做什麼，能做什麼，也知道怎樣做才更符合自己的個性。

4平常心可以讓你的生活充滿快樂

人的一生中，並不會一帆風順，有成功，也有失敗；有開心，也有失落。如果我們把生活中的這些起起落落看得太重，那麼生活對於我們來說永遠都不會坦然，永遠都沒有歡笑。而如果我們能用一顆平常心來看待這一切，我們的生活就會充滿快樂，充滿著幸福的陽光。

5擁有平常心，可以讓你正確地對待失去的東西

「不要為打翻的牛奶哭泣」說的就是我們應該如何去面對已經失去的東西。失去的畢竟是失去了，不管如何為它們哭泣都不會再回來。如果我們用平常心來看待失去的東西，我們就不會哭泣。因為我們知道，一味地傷心流淚，再怎麼痛苦，失去的東西也不會回來的。平常心扮演了協調劑的作用，能讓我們很快地從失去的「陰影」中走出來，去追求下一個目標。

6擁有平常心，我們可以減少憂慮

由於現代的壓力太大，人們現在不僅僅是生理上有疾病，多多少少心理上還存在著一定的疾病，而心理上的疾病大多數是由憂慮所引起的。有些醫生指出，醫院裡一半以上病人的病情都是憂慮引起的，或者因憂慮而加重了病情。

在事情過去後，我們會發現之前憂慮的事情簡直是小題大做，甚至是荒謬可笑的，只是因爲當時缺乏這種平常心的調節而導致心不平氣不和。例如說，有人會爲幾乎不可能得的病、幾乎不可能發生的變故、幾千次交易中才可能發生一次的問題感到憂慮，其實這只是杞人憂天而已。

7 平常心可以減少我們心中的仇恨

有時候，我們會因爲別人對自己不尊敬或者不欣賞而憤怒，我們之所以會有這種感覺，是因爲我們想在對方面前表現自己，或者是超越對方達到對方所沒有的境界。可是萬萬沒有想到的是對方竟然不給面子，因而使我們產生仇恨的心理。

如果我們具備了平常心，就不會因爲別人的態度而影響到自己的心情，可以做到「寵辱不驚，去留無意」。這樣，就不會有那麼多的煩心事，也不會有那麼多的焦慮和仇恨了。

8 擁有平常心，可以讓你更好地走向成功

一個人成功，在某種程度上來說其實是一個團體的成功。特別是在企業公司裡面，一個領導者的成功，必定少不了下屬的幫忙，因此如何做一個好領導者，成爲了一個日益尖銳的問題。

經過研究發現，那些經常跳槽的員工最主要的跳槽理由並不是薪水的問題，而是領導者的問題。領導者的焦慮，甚至是不識賢人而任用庸人，導致最後的失敗，歸咎到底就是這些領導者沒有一顆平常心。如果這樣的領導者能以一顆平常心來對待手下，讓下屬們暢所欲言，讓部屬瞭解自己的缺點，並請他們彌補自己的不足，這樣他一定是一位成功的領導者。

其實，平常心不過是「無爲、無爭、不貪、知足」這樣的處世態度，也可以說是淡泊名利之心、忍辱之心和仁愛之心的結合。但這並不是說無所作爲，真正的平常心是一種心境，一種境界。

另外，還有四種平常心的心態：爲善不執、老死不懼、吃虧不計、逆境不煩。只要擁有了這些心態，生活就會平靜，焦慮也會被其打敗了。

用投入化解焦慮

我們都曾體驗過這樣的心態：當好長一段時間收不到戀人的回信時，就會開始作多種假設，接著是胡思亂想，情緒低落，什麼都不想做。面對即將來到的求職面試或升學考試，心裡害怕失敗，焦躁不安，怎麼也放不下心來。從未出過遠門的孩子，一下子考到了外地上學、生活，當媽媽的就老是擔心孩子是否適應和順利，開始是叨念，不久後變得煩躁，坐立不安，甚至出現了失眠……這些都是我們在日常生活中常見的一種情緒狀態——焦慮。

焦慮表現爲一種不輕鬆的主觀感覺，也可以表現爲緊張、憂慮、坐立不安的一系列行爲，還可以表現爲心跳加快、呼吸急促、肌肉緊張等腦神經功能紊亂引發的症狀。焦慮是一種以內心緊張不安，預感到不祥的事情即將發生，而又難以應對等爲主要特徵的負面情緒狀態。

很久以前，有一個富翁帶著許多金銀珠寶到遠處去尋找快樂，可走過了千山萬水也未找到快樂，他焦慮地坐在山道旁。這時有個農夫揹著一大捆柴從山上走下來，富翁便問農夫：「我是一個令人羨慕的富翁，可是為何老是焦慮重重呢？」

「其實，適當地放下就不會焦慮了啊！」農夫說。

富翁聽了頓悟，開始行動，用珠寶接濟窮人，慈悲為懷。在行善過程中，富翁慢慢地化解了焦慮，在給予別人快樂的同時也找到了自己的快樂。

當我們焦慮不快樂時，不如付諸行動，在行動中化解焦慮，尋找快樂。

瑪麗是個成績優秀的中學生，但是她特別害羞，上課總不敢舉手發言，每次當著眾人的面說話就臉紅。

語文老師為鍛鍊瑪麗的膽量，特意指定她參加學校即將舉行的一次演講比賽。瑪麗一聽，心裡開始發慌，她想：「要我當著這麼多人演講！可是我連平常一說話都臉紅，現在這不是讓我公開出醜嗎？」

這樣憂心忡忡地過了好幾天，瑪麗轉念一想：「與其這樣天天憂慮著，還不如做些準備，說不定到那天比賽時也能講好呢。」

於是，瑪麗以後天天要打開答錄機，然後對著鏡子練習說話。從鏡子裡她能看到自己的表情如何，而從錄音中，她分析自己的語氣、語調裡有哪些要改進的地方，還請媽媽給她建議。

這樣練了幾天，瑪麗漸漸感到自己有信心了，同時也不焦慮了。最後，她在演講比賽中也取得了優異的成績。

從這個故事我們可以看出瑪麗一有空就做演講練習，這樣就沒有時間去憂慮。還有她透過爲演講做準備，使自己在不斷進步中克服了膽小、易焦慮這個毛病。當我們焦慮時，不能只是焦慮，還要付出行動去克服它。

某知名心理學家曾經對某次體操比賽中，得勝者和失敗者在賽前的焦慮程度做過調查，結果發現他們都一樣焦慮，但是差別在於他們應付焦慮的方式不同。那些後來表現較差的運動員只懂得擔心，總是想像自己如何表現不好，進而陷入近乎於恐慌的狀態。而那些後來獲勝的運動員則一般都不去想自己的焦慮，而只是集中精力於他們必須要做的準備上。成功者善於把事情分成一系列細小的步驟，逐步達到目標，進而克服焦慮。

在成功的道路上，焦慮情緒會成爲絆腳石，如果不及時清理，將會是一個很大的隱患。因爲這些焦慮情緒在累積到一定的時候，就會引起所謂的心理障礙。此時，你的精神，甚至是思想都會處於崩潰邊緣，連日常生活都無法維持。

讓我們保持樂觀態度，擁有健康的心情，來化解焦慮情緒。並且學會在行動中化解焦慮，過濾自己的心情在思想上裝一個「閥門」，遇到焦慮情緒就阻止它進入自己的思想，而絕對不能放任自流。

用積極的心態解決難題

當我們在同一個花園裡，對同一朵玫瑰花觀察時，在不同的心境下看到的花兒也是不一樣的。積極樂觀的心態會看到美麗的花瓣和清晨晶瑩的露珠；而悲觀消極的心態則看到花下傷人的尖刺和感到清晨微冷的天氣。

如果我們能保持積極樂觀的心態，這樣總是能看到更好的情景。在好心情下，就能夠處處順心，做什麼都遊刃有餘。而在悲觀厭世的心態下，總是看到那些令自己討厭的情景。在惡劣的心情下，又怎麼能夠順利地完成工作呢？

俗話說，「人倒楣喝水也會塞牙縫」。但是水是不可能塞牙縫的，不過是人的主觀感受罷了。心情不好自然看到什麼都覺得不好，做什麼都覺得不順利，自然就有了「屋漏偏逢連陰雨，船破又遇打頭風」的主觀感受。

由此可見，保持一顆積極樂觀、充滿熱情的心，有時候能讓做事更加順利。一個人如果有高度的熱情、積極的心態、必勝的信念，那麼還有什麼他辦不到的呢？成功的大門只會向那些積極的、樂觀的人敞開。

所以說，成功者一定會有一種積極的心態，因爲他樂觀地面對人生，所以成功離他永遠比別人近一點。對於大部分人而言，他們在平時確實是樂觀的，上進的。唯一不足的是，每到關鍵的時刻，他們便失去了往日的自信、熱情和積極，於是他們在快要成功時總無法成功，離成功總是差那麼一點點。時時刻刻都要保持積極的心態，只要能保持住就會成功。

農業自動化機械廠為了擴大市場，派出了兩名員工去農場推銷新生產的一種新農場機器。

第一個去的員工工作認真勤勞，但是心態不好，總是悲觀地看待自己的工作和人生。當他來到這家農場後，看到這裡的農民都是靠人工在田裡種植和收割，於是非常失望。他想，這裡的農民是不會買我的設備的，他們都靠自己的人力來完成，看來我又是白跑一趟了。於是，他沒有向當地人推銷新產品，就掃興而歸了，並寫了一份推銷失敗的報告交上去。

上級看了後非常不理解，如此先進而又省時的機器，竟然都沒有推銷出一台。於是又重新派遣了一名員工再次去那個農場推銷，這位員工是公司的金牌推銷員，工作認真勤奮，而且總是樂觀地對待一切。

當他看到農場的情況時，立刻笑了：「這次絕對能成功推銷產品。這家農場居然都是人力做工，這下不但可以推銷出這種新設備，就連其他一些設備也可以展現給他們看啊。」於是他把農場所有的農民都聚集起來，信心十足地說：「大家好，帶給大家一個好消息，你們終於可以不用這麼辛苦勞作了，安裝上這種設備，在同樣的時間內，你們僅僅只要花費以前十分之一的力氣，但是絕對能夠收獲十倍的成果！」很快的，大家被那些設備吸引住了，爭先恐後地要購買這些產品。結果在這個農場，這批新設備有了非常好的銷路。

我們可以從中看出，兩種不同的心態可以導致不同的結果。在同樣一個農場

中，同樣的一批客戶，同樣的一種產品，僅僅由於一個心態的差異，卻導致了一個不戰而敗，一個大獲全勝。

其實，生活中類似的事情到處可見。很多失敗的原因或許與客觀條件無關，僅僅是主觀心態有問題。消極的心態多半導致不戰而敗，沒有開始就已經宣告了失敗的結局。而積極的心態，總能看到充滿希望的未來，總充滿信心去克服困難，也更容易達到成功。

請保持一個積極的心態吧，只有這種積極的心態才能解決迎面而來的困難險阻。

Chapter.03

放慢節奏，輕鬆生活擺脫疲勞情緒

不知道為何，
我們的腳步總是匆匆忙忙。

是否因為前方有一個美好的目標正等待著我們，若我們放慢腳步，它就會消失嗎？請放慢生活節奏，我們將能擺脫疲勞，迎接輕鬆。

瞭解心理疲勞

人不僅有生理疲勞，還有心理疲勞。心理疲勞多半帶有主觀體驗的性質，並不完全是客觀生理指標變化的反應。醫學方面有關研究顯示：人體產生的生理變化與主觀體驗並不完全一致。某些主觀體驗非常疲勞的人，透過生理變化的測試，諸如神經反應、肌肉張力、心電圖、血乳酸、尿蛋白等指標的測試，卻並未發現太大的變化；而另一些主觀體驗並不感到怎麼疲勞的人，其生理變化程度卻可能達到相當的水準。

人們普遍認為，超負荷的體力勞動或腦力勞動可以引起疲勞。但經過心理學家的長期研究，發現事實並非如此。他們發現，辛勤的工作一般不會導致疲勞，特別是不會引起那些經過休息或睡眠之後仍不能解除的疲勞。

心理學家認爲，疲勞的形成與人的心理狀況有關。人不健康的心理情緒，尤其是憂慮、緊張、煩惱等是導致疲勞的真正原因。

威廉是一個普通的上班族，但是他最近總是覺得很累，無論是在辦公室工作，還是晚上回家以後，他都有一種非常疲乏的感覺，伸懶腰，打呵欠，什麼都不想做。其實威廉坐辦公室，工作不太需要勞動，回家後也沒有什麼家務事可做，可是身體卻顯得如此疲勞。

像威廉所出現的那種疲勞感，在現代人們中還是普遍存在的。這並不是生理上的疲勞，而主要是屬於這種心理體驗性質的疲勞，也就是俗話說的「活得太累」。

從生理角度上來看，疲勞是反應人在作業過程中，由於連續工作或工作勞動太多而致使機體能量過度消耗，出現生化方面的變化、工作能力下降等現象。從心理角度上來看，疲勞則是指人長期從事單調、重複的工作和活動，注意力長時間高度集中後，伴隨著機體生化方面的變化，中樞局部神經細胞由於持續緊張而出現抑制，導致工作和生活的積極性和興趣明顯降低，直到對工作和生活產生厭倦情緒。

心理疲勞是一種多半帶有主觀體驗性質的疲勞，並不完全是客觀的心理指標反應。

我們經常在生活中遇到這樣的現象，當我們在工作或學習過程中因爲疲勞而昏昏欲睡時，如果有人叫我們出去玩，倦意會馬上全消。這完全可以說明人的心理疲勞，其實是一種主觀性的心理暗示。

有位心理學家曾做過這樣一個實驗：他讓參加實驗的被試者畫一組簡單的線，如重複畫ⅠⅡⅢⅠⅡⅢ……沒過多久，許多被試者就感到疲勞，表示再也畫不下去了。然而，只要實驗者說一聲「再畫兩組就結束了」，則所有被試者就會重振精神，迅速而準確地完成任務。

從這個實驗我們可以看出，要想避免疲勞，就不要經常做機械重複的事情，而且還要善於幫自己設置一些小目標，這樣有利於激發我們的鬥志。

根據對上班族工作壓力研究報告顯示：百分之四十一點一的上班族們正面臨著較大的工作壓力，百分之六十一點四的人正經歷著不同程度的心理疲勞。這說明現代人普遍處在疲勞之中，我們要想辦法克服這種疲勞。

當我們處於心理疲勞的情況下，會產生著很大的負面作用，症狀輕的會對工作失去興趣，產生疲累感；嚴重的還會出現嗜睡或者失眠、記憶力下降、精神恍惚、吃不下飯等情況。長期處於這種狀態，還有可能會誘發一些身體上的慢性疾病。下面幾道題可以測測你的心理疲勞度：

(1)你學習或工作總感到提不起精神？

(2)你並沒有做什麼耗體力的工作，卻總感到很累？

(3)你覺得現在的生活單調枯燥？

(4)對外界的許多事物都缺乏興趣？

(5)經常為一些你無法控制的事擔心？

(6)覺得現在所做的事都是被迫的？

計分方法：

請將上述問題按「不是」（計〇分）、「有時是」（計一分）、「是」（計兩分）回答，然後將分數累加起來。

結果分析：

如果你的得分在零到兩分，說明你比較正常；如果在三到六分，說明你已有輕度的心理疲勞；如果在七到九分，說明你已有中度的心理疲勞；而如果得分在九分以上，則說明你的心理疲勞已非常嚴重了。

透過上面這些題目，讓我們來計算一下自己處於什麼樣的疲勞之下，如果自己已經有心理疲勞的話，也不必害怕，樂觀地面對它，勇敢地解決它，相信這樣必能克服心理疲勞。只有克服了心理疲勞，才能幫助人們走出「活得很累」的陰影和困擾。

脫離×「逼迫」的「膩境」

一個盜竊集團被破獲後，警方竟然發現他們有一套內部規章制度：每天九點上班，不能遲到，成功得手一票後就收手。接著，吃好的、穿好的、喝好的，開銷都由贓款支付，工作時間最晚不能超過淩晨一點，以免「工作」壓力過大等。

這些小偷知道要注意身心調節，不能超負荷地「工作」。從懂得尊重人的心理需求和規律的角度來看，他們這樣的做法還是有一定道理的。

生物動力學是心理治療學派中的一個分支，它主張：「人的個性像樹的年輪，是一圈又一圈地發展出去的。嬰兒的一圈，代表愛與享受；孩童的一圈，代表創作與幻想；少年的一圈，是玩耍及遊戲，青年的一圈，是情愛及探索；而成年人的一圈，則象徵現實與責任。一個完全的人，要具備上述所有特徵。這一圈一圈是按一定的程式發展的，如果有一圈被破壞了而未完成，這時，人的個性同樣也會被破壞。」

看看我們現代人的教育方式，很容易發現在人的個性成長中，被深深壓制的永遠是玩耍及遊戲這一圈。一般的家庭及學校都是不鼓勵孩子玩樂的，甚至對玩樂很看不順眼。成年人教孩子，往往是把套在自己身上現實和責任那一圈，過早地套到孩子身上。但硬生生套上，並不等於自然和能夠承擔，過早的負重換來的是永遠的「不能承受之重」，使現在的孩子都是在不完整的童年下度過。

有間點心鋪爲了防止員工偷吃點心，於是在新進員工剛來時，天天讓他們吃點心，不讓他們吃別的。結果沒過幾天，他們看見點心時的反應只有一個字，可不是「吃」，而是「吐」啊。

試想現在，許多人已經把孩子對學習的態度，培養到這樣的「境界」了。前不久，就發生了一個孩子跳樓身亡的事故。這名墜樓的孩子今年上初中二年級，據鄰里反應，這個孩子的家長對他要求嚴格，連週末都逼著他在屋內複習功課，使得他幾乎沒有週末休息的機會。這個孩子平時就不止一次說過「學習太煩」、「太膩」、「不想活了」，可是家長對他的話無動於衷。事發前一天的晚上他還燒毀了一些課本，最後終於受不了如此之多的壓力而跳樓。

家長不能逼著孩子學習，這樣會造成孩子的厭倦心理，感覺學習的壓力太大。長期下來，也許就會有悲劇發生。

同樣地，在生活和工作中，我們不應該存在「逼迫」心理，否則容易造成對事情的厭倦和煩惱。我們不妨回憶一下，自己是否有過這樣的經歷：出門了卻突然不能確定自家的房門有沒有鎖好，於是返回一次次地檢查；總是把手機拿在手裡，生怕漏掉重要的電話和簡訊；考試時做完一道題目總怕有疏忽，一次次地重新檢查，以致根本來不及寫完考卷……如果你已經頻繁有過這樣的經歷，就說明你存在「逼迫」心理了。

小美今年二十八歲，是事業單位的一名文書員。兩年前她偶然從朋友的一次閒聊中，聽說不經常洗手容易被傳染肝炎。

從那一天起，小美愛上了「洗手」。推門、拿過什麼物品後，她都必須去洗手，一天要洗上三、四十次。後來發展到別人和她握手後也想立刻去洗手。去洗手，明顯對別人不禮貌；不洗手，又會難受得如坐針氈。久而久之，她就身陷沒完沒了的自我掙扎之中，異常痛苦。其實她自己也知道沒必要這麼擔心，但一次次卻「欲罷不能」，而導致了心理消沉。最後，她再也忍不住了，於是去精神科就診，此時她的手指已被洗得紅、腫、脫皮了。

是的，小美是一個典型的非逼得自己「吃」膩不可的例子。與其在生活中逼迫自己，不如保持一顆平常心，正確地對待生活，不要過分強迫自己或他人去做每件事，進而讓自己或他人遠離「膩境」，享受樂趣！

走出職業倦怠的沼澤

俊毅是一家大型銷售企業的部門經理，薪酬優厚，可是他卻全沒了以前那種對工作的激情，自己越來越感到厭倦現在的工作。每天早晨，一走進辦公室就覺得疲倦，沒心思處理手邊的文件。周而復始地工作，令他覺得做一個有創意的計畫越來越難，市場推廣也停滯不前，更別提銷售額了。老闆對俊毅好像也越來越不滿意，這讓他更加消沉氣餒，工作起來身心俱疲。

像俊毅這樣的情況叫「職業倦怠症」，現在這種人並不少見。職業倦怠也可稱為「職業枯竭」或「心理枯竭」。它是一種在工作的重壓之下身心俱疲的狀態，也是一種常見的現代職業疾病。它是指，個體無法應付外界超出個人能量和資源的過度要求而產生的生理、情緒情感、行為等方面的耗竭狀態。這是一種在工作的重壓之下身心俱疲、能量被耗盡的感覺。其生活常態表現爲：超時工作、睡眠不足、壓力大、健康不佳。身體上表現爲：多夢、失眠、不易入睡，經常腰痠背痛、記憶力明顯衰退和脾氣暴躁。

「工作著，才是美麗的」這句話曾經在上班族中流行一時。今天社會上人們每天二十四小時的日常生活，有近一半時間都在工作。一方面這是人們在爲生存或生活得更好創造物質條件。另一方面，工作還能讓人感到內心滿足，例如實現個人成就感及創造能力。但在職場上不會總是風調雨順、陽光燦爛，日益加劇的競爭和超負荷的工作量會令不少人感到壓力。工作的人們時常都會抱怨「壓力好大」，長期下來，身體和心理疾病也隨著工作壓力的變大而呈現出來。

工作倦怠這種症狀已經廣泛出現了。據調查報告顯示：有百分之六十一的上班族承認自己的職業困惑很多，經常感到「心累」，覺得工作沒有意義，僅僅是爲了生存。

現在的社會正處於轉型期，原有的價值觀、成就觀、幸福觀等受到衝擊，而新的能讓人們廣泛認可的價值體系尚未完全確立。這反應到生活和工作中，就是很多人對職業缺乏認同感、成就感，對生活缺乏信心和快樂。工作倦怠不但會使人們缺乏職業道德、消極怠工，還會危害人們的身心健康，甚至會破壞家庭和睦、社會穩定。

研究顯示，與工作相關的枯竭感可以導致炎症，而炎症在心血管疾病和其他炎症相關的疾病的罹患和發展中起了重要作用。而且，男性和女性在工作枯竭和抑鬱引起的炎症反應也是不同的。

情緒衰竭、玩世不恭和成就感低落是工作倦怠的三種表現。情緒衰竭是指個人認爲自己所有的情緒資源都已經耗盡，對工作缺乏衝動，有挫折感、緊張感，甚至害怕工作。玩世不恭，指刻意與工作以及其他與工作相關的人員保持一定距離，對工作不熱心少投入，對自己的工作意義表示懷疑。成就感低落，是指個人認爲自己不能有效地勝任工作，對自身持有負面的評價。

我們可以將職業疲勞直至枯竭的發展分爲以下幾個階段：

第一階段——激情

人們剛開始步入社會工作時，對工作充滿了熱情和自信，工作、同事、公司，一切看起來都很美好。新工作者感覺有使不完的精力和熱情，相信自己可以應對一切挑戰，相信這份工作可以帶給自己最大的滿足。即使是麻煩的工作，他也樂於承擔，積極性非常的高。

第二階段——懷疑

當工作了很長一段時間後，最初帶來滿足感的工作漸漸褪色、趨於平淡，人們意識到理想並不等於現實。工作、同事和公司都不如想像中完美。人們開始懷疑：這真是我想要的生活嗎？我真的適合做這份工作嗎？或者，人們更加努力地去工作，期待試圖改變一些，但是卻仍然沒有進展。

第三階段——倦怠

此時，已經陷入麻木的心情中了，每天早晨起床的時候一想到有一整天的工作要做，就感覺好像一晚上沒睡似的疲乏，不只是身累，心也累。完全把工作當作一項養家活口的任務了，工作時再也沒有一絲激情。

第四階段——恢復

不是每個人都能從枯竭中恢復的，但如果你能保持一份健康的心態，再加以時間和技巧，一定會走出職業倦怠期的。

我們還可以把職業疲勞分爲以下幾種類型：

壓力型

當人們處在連續不斷的業績考核和生存壓力下，身體容易崩潰。想放棄工作又捨不得高薪的待遇或已經取得的成績，結果神經長期處在緊張的壓力中，產生了對工作的厭惡感。

挫折型

由於對目前職業的不滿，如工作枯燥無味、工作條件太差、報酬太低、離家太遠、工作時間太長、沒有發展前途、同事關係難處、上司脾氣太壞，而導致內心的挫折感強烈，總覺得自己矮別人一截。

平臺型

當人們對工作已熟練掌握，並且發現沒有什麼升遷的空間時，厭職情緒由此襲來。

情緒型

這種類型在女性中存在較多，女性的情緒化流露一直是影響她們在職業領域裡發展的主要障礙。很多感情理由可以讓女人產生厭職情緒，諸如沉湎於愛情、寄望於男友的事業、家人需要照顧……女性們在這些情緒的影響下，即便沒有離職，也會降低對職業的熱情。

如果發現自己開始有了職業倦怠的跡象，應該早做準備，走出心理沼澤。首先要消除一些有關工作的錯誤觀念。例如有些人只知道拼命工作：一開始在晚上加二到三個小時班，不久便整星期都在加班，最後連週末也成了辦公時間。時間長了，這類幾乎沒有任何社交活動和正常生活交往的狀態，難免會對自己的工作產生反感的情緒。

人類本能的心理需求之一就是希望透過勞動實現自我價值，不斷接受適度的挑戰來給自己成就感。但有一些人因爲工作太少，或者太容易完成，覺得沒有挑戰性和新鮮感，不能充分展現自我價值，而對工作失去興趣。只把工作當作是取得財富的工具，時間長了，自然也就厭倦了。

其次，要瞭解自己，要在思想上成爲工作的主人。職業生涯顧問專家建議：

當你開始對工作產生倦怠時，就是該重新思索自己的時候了。

當你在工作上開始迷茫、開始厭倦時，不如花點時間靜下心來思考：自己要什麼？擅長哪個領域？性格傾向於從事哪種類型工作？這份工作可以發揮你的專長嗎？是自己努力不夠還是被擺錯了位置？相信想清楚這些問題後，一定會對你的工作提升有很大益處的。

職業倦怠的人就像是在蓋房子，每天不斷地堆磚頭，卻不知道自己在做什麼、想做什麼。因爲他們少了一張人生的設計圖，不知道要怎麼蓋人生的房子，蓋到何時完工。原本的熱情就在搬磚過程中一點一滴地流失，最後變成日復一日的重複勞動，毫無激情、熱情可言。如果我們幫自己的工作、自己的人生設計一張規劃圖，就不會缺乏人生方向與大目標了。如果清楚自己的人生往哪裡去，知道要將自己打造成什麼，即使一路走來顛簸失意，也不會因一時失落，覺得疲憊不堪、抱怨連連。如果能做到這樣，必能走出職業倦怠期。

偶爾也放慢你的腳步

城市中的人，不知爲什麼總是如此飛快地生活著。快節奏的生活方式，使我們這群生活在城市裡的人失去了許多美景與回憶。朱自清曾在《匆匆》中這麼說道：「洗手的時候，日子從水盆裡過去；吃飯的時候，日子從飯碗裡過去；默默時，並從凝然的雙眼前過去。我覺察他去的匆匆了，伸出手遮挽時，他又從遮挽著的手邊過去。天黑時，我躺在床上，他便伶伶俐俐地從我身上跨過，從我腳邊飛去了。」難道人生只有時間最珍貴？難道人生只剩時間？

時間是人生的主幹道，是人生的生命線，但不是人生的全部。花花世界有太多的東西等待人生的經過，人生中匆匆帶來的也許是物質的財富，卻帶不來真正的精神富足。也許很多人都認爲，忙碌是一種美德。可事實是，只有我們忘記這虛僞的表面現象，我們才能發現什麼事情才是最重要的。

停止忙碌，也不要再煩惱那些無法完成的每一件事。當你給自己多一些空閒，不再那麼匆忙時，許多好點子會自動浮現。你的好點子不會因爲你陷入忙碌而出現。相反的，在忙碌的空閒時，當你靜靜獨處時，智慧才會常常浮現。從今天開始，試圖讓你自己變得比較「悠閒」一點，多和家人朋友相處，結果一定會讓你感到驚喜。

該休息時就休息，即使我們多麼沒時間，也必須強迫自己這麼去做。因爲處理某件事情過於長久時，就會感到事物變得單調，也使自己變得更容易疲乏。況且，長久維持不變的姿勢，也不見得對健康有益。與其沒有效率地乾耗著，爲什麼不起來走動一下呢？說不定經過活動，思維又活躍起來了。

我們不是機器，是無法不間斷地工作的。不管你是坐著或站著學習、工作，同一姿勢只要超過一個小時，你的身體就會產生疲勞現象，精神會漸漸無法集中，效率也就開始下降。

如果這時能適時地進行短暫休息的話，休息過後，你的效率會比不休息時高多了，那休息時造成的微小損失算什麼呢？

你可能和很多人一樣，不到身體實在支撐不了的地步，絕對不會停下來休息。那麼從現在開始你就得改改這個壞毛病了。當你感到肌肉緊繃、背痛、輕微的頭痛、疲累的雙眼、無法集中注意力等狀態時，一定要休息！

休息並非意味什麼事也不做。休息的意思，是要你放慢腳步、放鬆自己緊張的情緒。散步是一種休息；躺到床上也是一種休息；看場電影、讀一本好書、看電視、聽音樂，甚至和朋友打電話等等，都是一種休息。

休息能使你的身體釋放緊張情緒，使身心重新回復到一個正常平衡的狀態。一旦你得到充分的休息，你在工作、學習時就會更有活力、更有衝勁。英國前首相邱吉爾（睡午覺的支持者）是這麼說的：「很抱歉，每天中午我都必須像個小孩子般上床睡覺，可是睡過午覺以後，我就能一直工作到半夜一、兩點，甚至更晚。」

在總是令人焦慮的快節奏生活中，也許另一種時尚將悄然流行，這就是慢慢地生活。只爭朝夕式的觀念可能要修正一下，人們發現強迫自己加快生活的節奏是多麼的不值得，多少快樂從身邊閃過，而捨棄它們的理由竟是因爲習慣。

下午，陽光溫暖地曬在皮膚上；一杯咖啡，安安靜靜，飄著它獨有的芬芳；要來點音樂嗎?拿本雜誌……放慢節奏，才發現生活原來可以是這個樣子。熱愛生活的人們，請偶爾放慢生活的腳步吧!那沿途的美麗景色帶給你的，不僅僅是愉悅的感受，還有對人生的思考。今天在路邊的逗留是爲了明天走得更好。

鬆綁你的身心

浩瀚無垠的大西洋海面上空，出現了一個龐大的鳥群。數以萬計的海鳥在天空中久久地盤旋，並不斷發出震耳欲聾的鳴叫。

更爲令人驚詫的是，許多鳥在耗盡了全部體力後，義無反顧地投入茫茫大海，海面上不斷激起陣陣水花……

世界著名航海家湯瑪斯．庫克船長曾經在他的日記裡記下了上述的奇遇。這件事一直令他百思不得其解。事實上，庫克船長並非是這一場悲壯場面的唯一見證者。在他之前，很多經常在那海域捕魚的漁民都曾被同樣的景象所震撼。

鳥類學家們對這種現象也無法作出解釋。在長期的研究中他們發現，來自不同方向的候鳥，會在大西洋中的這個地點會合。但他們一直沒有搞清楚，那些鳥兒爲何會一隻接一隻心甘情願地投入大海。

這個謎終於在上個世紀中期被解開。原來，這些海鳥葬身的地方，很久以前曾經是個小島。對於來自世界各地的候鳥們來說，這個小島是牠們遷徙途中的一個落腳處，一個在浩瀚大海中不可缺少的「安全之島」，一個在牠們極度疲倦的時候可以棲息的地方。

然而，在一次地震中，這個無名小島沉入大海，永遠地消失了。遷徙途中的候鳥們仍然一如既往地飛到這裡，希望稍作休息，擺脫長途跋涉後的疲憊，積蓄力量開始新的征途。

但是，在茫茫的大海上，卻再也無法找到牠們寄予希望的那個小島了。早已筋疲力盡的鳥兒們只能無奈地在曾經的「安全之島」上空盤旋鳴叫，盼望著奇蹟出現。當牠們終於失望的時候，全身最後的一點力氣也已經消耗殆盡，只能將自己的身軀化爲汪洋大海中的點點白浪。

同樣的，在緊張忙碌的生活中，在人生漫長的旅途中，每個人都會有身心疲憊的時候，也都需要一個棲息的地方。適當的時候，我們是否能讓自己的心靈稍作放鬆？

騰出時間將心靈鬆綁，找個地方讓自己歇歇腳，不要像那些海鳥，等到筋疲力盡的時候，面對已經沉沒的「島嶼」，只能無助地將自己的生命斷送在無底的深淵。

下班的時間越來越晚，回家的欲望越來越少，公司裡的人越來越多，心裡的壓力越來越大。在每一個經濟高速發展的城市，一群忙碌於各個辦公大樓之間的都市職業人，開始越來越多地把公司當作自己的家。

在光鮮的外表之下，是無休止的加班，創意枯竭的煎熬以及與外部交往的隔絕。在夜深人靜的時候，他們也經常告誡自己不要如此拼命，規劃著明天就開口向公司主管請假，去外地度過一個美好假期。但是天亮之後，新的任務又催促自己匆忙上陣，於是一個新的輪迴又將開始。

日復一日，年復一年，週而復始地操作，機器都可能「報銷」，更何況是血肉之軀的人。你要警惕，你可能已被一種稱爲「慢性疲勞症」的疾病纏上卻不知，但是你還能不斷地爲生活奮鬥，因爲你認爲身子還能撐得下去。

大部分的人不把這種症狀視爲病症，進而掉以輕心。其實這會嚴重影響個人的學業、工作和日常生活。嚴重的長期性疲勞，可能會成爲其他病症的預兆。這種強烈的疲勞感如果持續半年或更長，便會時常出現輕微發燒、咽喉痛、淋巴結腫大、集中力降低、全身無力等病症。身體長期處於疲勞狀態，會造成體內荷爾蒙代謝失調、神經系統調節功能異常、免疫力減低，同時也會引起肩膀痠痛、頭痛等自律神經失調症狀，感染疾病的機率也提高。那麼，到底是什麼東西讓我們爲之疲於奔命呢？

1過分追求完美

追求完美是成功者的特質之一，但過分追求完美勢必導致精力、體力過分投入。追求完美的人上班時忙忙碌碌，下了班仍用盡心思，任何一點小的瑕疵就過度自責，或者是花費更多的氣力去改善、彌補。

2過分追求優越感

每個人的內心都或多或少有自卑感，正是這種自卑、自我不滿足才促使我們去完善自我。如果過分地追求「比別人強」的優越感，用「永爭第一」來掩蓋自卑，就會使自己顧不上身體的不適而不停地忙碌下去。

3過分地擔心失敗

我們曾對每天工作時間超過八小時的受訪者進行的調查發現，百分之六十四點一的受訪者認爲自己超時工作的最大原因是「由於競爭激烈，擔心失去工作」。

曾有一項研究結果顯示，那些榮獲過奧斯卡金像獎劇作家的壽命較演員較短。研究人員告誡那些爭強好勝者：爭強好勝固然是一種積極的生活態度，但在實現自己奮鬥目標的過程中，也應多考慮自己的健康需求和體能極限。

長期通宵達旦地工作，會使體內產生許多毒素。而有些毒素會隨著血液進入大腦，引起中樞系統的「中毒」症狀。疲勞，是一種信號，它提醒你，你的身體已經超過正常負荷。出現疲勞感就應該進行調整和休息。如果長期處於疲勞狀態，不僅會降低工作效率，還會誘發各種疾病。過度疲勞與過勞死有相關性但不是直接原因，過勞死往往有一些較嚴重的基礎病因。但過度疲勞可以使這些病因加重或是導致發病，造成不良後果。所以避免過度疲勞可以預防和減少由此導致的嚴重後果。

朋友們，在緊張忙碌的生活中，我們每個人都會有身心疲憊的時候。適當的時候，我們是否該讓自己的心靈稍作放鬆，是否該擁有一個可讓自己喘一口氣、稍事休整的地方？騰出時間讓自己的心靈鬆綁，少一些急於求成，少一些追名逐利，少一些鬱鬱寡歡，少一些浮躁……請不要等到自己筋疲力盡的時候，無助地將自己的生命一頭栽進無底的深淵。

調節情緒，振奮精神

在現實生活中我們經常會有這樣的感受：有時候心情會突然不好，上班時又被許多麻煩事弄得心煩意亂，做事也沒規則，東一下，西一下，什麼事也辦不成，一天下來，可能早已疲憊不堪；而又有時候，心情頗佳，工作中也諸事順心，做事情總是有條不紊，儘管忙得連飯都沒辦法吃，但仍覺輕鬆愉快，毫無疲倦之感。從這些事中我們可以清楚地看到，疲勞深深地受著情緒的影響。

那麼，有什麼辦法可以讓情緒變好，進而解除疲勞呢？一般說來，做做體操，保持健康、愉快、積極、向上的情緒是預防疲勞的最好方法。簡單地說，就是要求人們學會適當地放鬆自己，這樣才可以忘掉緊張和煩惱。

賈可布森是芝加哥大學一位有名的心理學教授，他告訴人們：「解除疲勞的有效辦法是精神放鬆，而最有效的放鬆部位便是眼部肌肉，因爲眼睛消耗的能量佔全身神經消耗能量的四分之一左右。如果眼部肌肉得到了放鬆，人們將會獲得一種輕鬆感，進而可以忘掉緊張與煩惱，解除疲勞。」

另外，消除疲勞的靈丹妙藥還有微笑。笑可以鍛鍊全身肌肉，對放鬆全身、驅散緊張有很好的效果。更重要的是微笑還是心情愉快的產物。

當我們精神緊張，情緒不好時，不妨閉上雙眼，面帶微笑，在心裡給予自己積極的暗示：「不要皺眉頭，不愉快就會過去的，應該以微笑面對生活……」如果我們在心情不好時能夠做到這樣，相信會有事半功倍的效果的。

適當的休息並參加一些體育娛樂活動，或欣賞一曲優美的音樂，或看幾幅秀麗的風光照片，或到郊外散散步，這樣都可以克服焦慮心理，消除緊張和疲勞。愉快的生活會使我們更加充實，能將我們從疲乏中解脫出來。

下面向大家介紹一種可以振奮精神的精神振奮操。這套操共有六節動作，如果長期持續做這套精神振奮操，可以好好地發展我們的柔軟性，教會我們保持平穩（包括心理上的平穩），養成優美的姿勢和高雅的步態，並有助於我們安靜凝神和自我沉思。

當我們早晨醒來時，不妨做做這套體操，可以幫助我們平衡地逐漸進入精神振作的狀態，脫離睡眠狀態。經過一天的緊張工作，晚上回到家時，再做做這套操可以驅除疲勞，調整思緒，振奮精神。

這套體操每節動作緩慢平穩，做之前先深呼吸五下。第一個深呼吸擺出準備姿勢，第二至第四個深呼吸完成動作，第五個深呼吸回到準備狀態。現在就讓我們開始做吧。

1熱身，累積體力

站立，腳尖略分開，腳後跟併攏。如果體力較好，雙腳也可以齊肩寬。

踮腳，注意身體平穩，雙手從兩側舉起，手掌互對，臀部緊繃，稍抬起下巴。然後回到準備狀態再繼續重複做。

2有利肺和腸的功能，強健腹和臀部肌肉

起立，腳掌併攏，挺起肩膀。

雙手伸向背後，大拇指緊握（左手在上面），食指下伸，重心在腳底板上。

膝蓋稍彎曲，腹部的肌肉緊繃，緩慢前傾，越低越好，只要感覺不錯即可。雙手上伸，讓手指指向天花板。然後回到準備狀態，變換手的位置再做。

3改善骨盆的血液循環，促進腸胃功能，發展背、肩和小腿部的肌肉

站立，腳掌併攏，腳和背要直，雙手舉過頭頂，手掌朝內。腹部的肌肉緊繃，只要不感到腿腱拉傷，就儘量緩慢前傾，雙手從後面抱住大腿，可能的話，抱住小腿肚。左手握在右手上，額頭貼向膝蓋（或大腿）。回到準備狀態，變換手的位置再重複做。

4鞏固心血管系統、脊椎、背肌和臀肌

坐地，雙腳交叉，左腳在右腳上面，背要直，雙手也交叉，同樣左手在右手上面，膝面抬起，剛好被手背摟住。

腹部的肌肉緊繃，緩慢前傾，直到頭碰到地面，同時膝蓋也隨之平放下來。回到準備狀態，變換手和腳的位置再重複做。

5提高肝臟和膽囊的功能，放鬆頸部的肌肉

四肢著地。重心放在彎曲的右腳上，左腳向後伸直。

雙手放在膝蓋兩側撐地，背彎曲，緩慢把頭轉向右肩向後看，盯著背肌。回到準備狀態，換方向再重複做。

6強健腹肌和背肌

面對牆而坐，膝蓋彎曲，腳掌著地，雙手胳膊肘彎曲，從後面撐地。抬起膝蓋貼胸部，伸直雙手，雙腳伸直上抬，腳掌繃直，眼睛盯著腳趾，讓身體儘量貼近大腿。下巴貼近膝蓋。回到準備狀態再做。

這樣，這套體操就算做完了，我們可以天天都做，也可以一周做幾次，甚至還可以每次做時挑出一部分來做。

現代人的精神疲勞主要表現爲：夜不能眠、噩夢不斷、容易驚醒、頭昏腦脹、無精打采、煩躁易怒、食欲不振、記憶力減退、注意力不集中等。競爭激烈、心理壓力重、經常加班、職業不稱心、工作難度大、企業虧損、住房擁擠、鄰里反目、物價上漲、噪音污染、家庭糾紛等……這些都是造成精神疲勞的主要原因。

長期處於不愉快的情緒中，便會出現情緒困擾、心態失衡以及精神疲勞等等的症狀。久而久之，便會影響身心健康，甚至引起身心疾病，現代的人們絕對不能忽視這一點。當出現精神疲勞時要懂得做做精神振奮操，學會自我調節。

其實，我們不只可以做精神振奮操，在平日上班或在家時也可以調節自己，這也算是一種抽象的精神振奮操。

1自我調節

我們在緊張工作之餘，應該學會自我調節。睡覺無疑是消除軀體疲勞的良策，但對消除精神疲勞來說只是消極辦法。積極的休息方法是該根據自己的興趣愛好、性格特點，採用聽音樂、散步、跳舞、下棋、打牌、打麻將、看電影等不同的方式，因地制宜進行精神調節。

2注意休息

在做同一份工作時，有些人容易疲勞，另一些人卻不容易疲勞。這些不會疲勞的人主要就是他們懂得休息。在工作告一段落時最好稍事休息，可以閉目養神，也可以伸伸腿、彎彎腰、揮揮手臂或做做體操、眼睛保健操，或泡杯茶、喝杯咖啡、吃塊巧克力等。

3保持良好的心態

如果心情不好時，可以找親朋好友傾訴，當訴說完自己的心事後，心情就會好多了

4 豐富生活內容

除了工作，我們也要懂得適當地放鬆自己。假日可以和家人或朋友去郊外或公園散散心，不定期外出旅遊。會休息的人才會工作，會休息的人才能消除精神疲勞。如果大家都能騰出時間去做，相信一定能走出疲勞，迎接輕鬆。

Chapter.04

自我暗示，喚起走向成功的情緒力量

一個人最大的力量，
往往是從自我內心產生的
自我暗示。

消極的自我暗示，可能將人帶向死亡；而積極的自我暗示，則使人自勵自信，走向成功。

心理暗示是什麼

生活中你有沒有出現過這樣的情況：到超市買東西，回到家一清點，發現有一些是可買可不買的，連自己都不知道為何會買這些小東西；我們本來對某個人沒有什麼印象，等過了一段時間後卻覺得他面目可憎；早晨到了辦公室，本來精力充沛，心情愉快，過了一會兒卻變得煩躁不安。

這些都是我們日常生活中常見的現象，我們經常會對此感到莫名其妙，但是從心理學角度來看，一點也不奇怪。因為你受到了周圍環境的暗示，不知不覺就產生了與之相應的行為與心情。

你是否還有過這樣的經歷：本來穿了一件自認為是很漂亮的衣服去上班，結果好幾個同事都說不好看。當第一個同事說的時候，你可能還覺得只是他的個人看法，但是說的人多了，你就慢慢開始懷疑自己的判斷力和審美眼光。下班後，你回家做的第一件事情就是把衣服換下來，並且決定再也不穿它了。

原來，這都是心理暗示在「作怪」。心理暗示是人們日常生活中常見的心理現象。所謂暗示，是指人或環境以不明顯的方式向個體發出某種資訊，個體無意中受到這些資訊的影響，並做出相應反應的心理現象。從心理機制上講，它是一種被主觀意願肯定的假設，不一定有根據，但由於主觀上已肯定了它的存在，心理上便竭力趨向於這個假設。

暗示分「自暗示」與「他暗示」兩種。「自暗示」是指自己接受某種觀念，對自己的心理施加某種影響，使情緒與意志發生作用。例如有的人習慣於早晨在上班前或出去辦事前照照鏡子、整理衣服、梳頭髮。當從鏡子裡看到自己臉色不太好看，並且覺得上眼瞼浮腫，恰巧昨晚睡眠又不好，這時馬上有不愉快的感覺，懷疑自己是否生病了，繼而覺得自己全身無力、腰痛，開始覺得自己不能上班了，甚至要到醫院就診……這就是對健康不利的消極自我暗示作用。而有的人則不是這樣。當在鏡子裡看到自己臉色不好，因爲睡眠不好而精神有些不振，眼圈發黑時，馬上用理智控制自己的緊張情緒，並且暗示自己：到戶外活動活動，呼吸一下新鮮空氣就會好的，於是精神振作起來，高高興興去工作了。這種積極的自我暗示，有利於身心健康。

而「他暗示」，是指個體與他人交往中產生的一種心理現象，別人使自己的情緒和意志發生作用。如古代魏國曹操的部隊在行軍路上，由於天氣炎熱，士兵都口乾舌燥。曹操見此情景，大聲對士兵說：「前面有梅林。」士兵一聽精神大振。這就是曹操巧妙地運用了「望梅止渴」的暗示，來鼓舞士氣。

一位大學教授曾在講臺上拿一玻璃瓶對學生說：「瓶子裡是有異味的氣體，現在要測這種氣體在空氣中的傳播速度，等打開瓶蓋後，誰聞到這種異味，請舉手。」教授打開瓶蓋，自己很快露出聞到異味的表情，隨即看錶計時，前排同學十五秒後舉起了手，四分之三同學一分鐘後舉起了手……其實玻璃瓶裡只是普通的空氣，其他什麼也沒有。

這就是「他暗示」在作用，透過對他人心理形成暗示，可以達到改造人的思想和行為的效果。

爲了實現暗示的效果，暗示者是需要具備以下幾個條件的：

第一是暗示者的特性。反應者是按照暗示者的特性、暗示性和自己之間的心理上的距離的大小和品質表現出不同類、不同程度的暗示反應。第二是暗示刺激雖然給予的是一部分刺激（部分刺激），或者代替本來刺激的刺激（代理刺激），而反應者在任何情況下卻都表現出作爲全部刺激或者是本來刺激下的所有反應。第三是非合理性暗示刺激是在情緒高昂的氣氛中，讓他人在注意力轉移，忽略了判斷的狀態下產生作用，它儘量不讓反應者作出明確合理的判斷與分析。

心理暗示能左右我們的心情。皮格馬利翁效應，其實展現的就是暗示的力量。人們會不自覺地接受自己所喜歡、欽佩、信任或者崇拜的人的影響和暗示。

現實中，人們爲了追求成功和逃避痛苦，會不自覺地使用各種暗示的方法。例如困難臨頭時，人們會相互安慰：「快過去了，快過去了。」進而減少忍耐的痛苦。人們在追求成功時，會設想目標實現時非常美好、激動人心的情景。這個美景就對人構成一種暗示，它爲人們提供動力，提高挫折忍受能力，保持積極向上的精神狀態。

心理暗示的神奇作用

有隻野獸和獅子開了個玩笑：在牠的尾巴上掛上了標籤。上面寫著「驢」，有編號、有日期、有印章，旁邊還有個簽名……

獅子醒來，憤怒地團團轉，吼聲打破寧靜，兇猛而威嚴。

獅子很生氣。怎麼辦？從何查起？這號碼、這印章，一定有些來歷。撕去標籤？免不了要承擔責任。

獅子決定合法地摘取標籤，牠氣憤地來到野獸中間。

「我是不是獅子？」牠激動地質問。

「你是獅子，」胡狼慢條斯理地回答，「但依照法律，你是一頭驢！」

「怎麼會是驢？我從來不吃乾草！我是不是獅子，問問袋鼠就知道。」

「你的外表，無疑有獅子的特徵，」袋鼠說，「可是具體是不是獅子我又說不清！」

「蠢驢！你怎麼不吭聲？」獅子心慌意亂，開始吼叫，「難道我會像你？我從來不在畜欄裡睡覺！」

驢沉思了片刻，說出了牠的見解：「你不是驢，可是也不再是獅子！」

獅子徒勞地追問，低聲下氣，牠開始求狼作證，繼而又轉向豺狗解釋。同情獅子的，當然不是沒有，可是誰也不敢把那張標籤撕去。

憔悴的獅子漸漸變了樣子。一天早晨，從獅子洞裡忽然傳出了「呃啊」的驢叫聲。

短短一個假期，在不同的雜誌上四次讀到了這篇文章，每次給人的震撼都是無可比擬的！獅子，上帝賜予牠一份笑傲煙霞、騰挪跳躍的傑出本領和高傲，我們爲什麼淩遲牠的尊嚴，使牠變爲縮頭烏龜呢？一想到高貴的生命竟然因踐踏而低賤到那種地步，實在難以平抑內心的憤恨。

心理學界對心理暗示研究最多的專業是神經語言程式學，它的核心思想就是透過改變人的情緒，對心理形成暗示，達到改造個人思想和行爲的效果。受暗示是人的心理特徵，它是人在漫長的進化過程中形成的一種無意識的自我保護能力。暗示無處不在，利用積極的心理暗示手段可以讓事情變得更美好，反之消極的暗示往往把事情弄糟。

某人喜歡新鮮空氣的程度，無人能及。一年冬天，他到一家高級旅館住宿。那年冬天奇冷無比，因而屋子的窗子都關得緊密的，以防寒流襲擊。儘管房間裡舒服無比，但他一想到新鮮的空氣一絲都透不進來時，他就非常苦惱，輾轉難眠。到了最後，他實在無法忍受，便撿起一隻皮鞋朝一塊玻璃樣的東西砸去，等聽到了玻璃碎裂的聲音後，他才安然入睡。第二天醒來，展現在他眼前的是完好如初的窗子和掉落在地上破碎的鏡框。

美國田納西州有一座工廠，許多工人都是從附近農村招募的。這些工人由於不習慣在封閉的車間裡工作，總覺得車間裡的新鮮空氣太少，因而顧慮重重，工作效率低下。後來廠方在窗戶上繫了一條條輕薄的綢巾，這些綢巾不斷飄動著，暗示著空氣正從窗戶裡湧進來。工人們由此去除了「心病」，工作效率隨之提高。

心理暗示的作用是巨大和神奇的，不僅能影響人的心理與行爲，而且還能影響到人體的生理機能。消極的暗示能擾亂人的心理、行爲以及人體的生理機能；而積極的暗示能增進和改善的作用。

當孩子參加考試時，父母總是叮嚀：「千萬不要緊張」；當孩子學習成績不好時，父母總斥責他：「笨到不行」；當孩子挑食時，父母當著孩子的面訴說：「他不吃白菜」；當孩子尿床時，父母總是爲他辯護：「他憋不住尿」；這些都能助長某些不良的傾向。重複暗示能引起對方形成相應的心理定向，產生與父母原本願望相反的效果。這些都是消極的暗示。

堅持心理上積極的自我暗示，對個人獲得成功是非常重要的。例如，星期天，你本來約好和朋友出去玩，可是早晨起來往窗外一看，下雨了。這時候，你怎麼想？你也許會想：糟糕！下雨天，哪兒也去不成了，悶在家裡真無聊……但如果你反過來想：下雨了，也好，今天可以在家裡好好讀讀書，聽聽音樂……

我們大多數人的生活境遇，通常既不是一無所有，一切糟糕；也不是什麼都好，事事如意。這種一般的境遇相當於「半杯咖啡」。你面對這半杯咖啡，心裡產生什麼念頭呢？消極的自我暗示是因爲少了半杯而不高興，情緒消沉；而積極的自我暗示是慶倖自己已經獲得了半杯咖啡，那就好好享用，因而情緒振作，行動積極。

所以，時常默默鼓勵一下自己「我很棒」、「我是最好的」、「我有比其他人優秀的地方」、「我某某方面做得比較好」等等，真的會有用的！

積極×自我暗示的心理力量

在第二十三屆奧運會男子體操比賽中，日本運動員具志堅每次出場前，總會緊閉雙目，口中念念有詞。在男子全能決賽中，中國體操名將李甯、童非，美國體操明星麥克唐納、康納斯等都相繼失手，唯獨具志堅一路發揮正常，最後奪得全能冠軍。比賽結束後，有記者問他，他上場前口中默念的是什麼，具志堅卻笑而不答。一時間，具志堅口中的「咒語」成了許多人關心的謎。

其實，具志堅默念的內容是什麼並不重要，即使他祈願上帝保佑，不見得上帝就真的會保佑他。重要的是他的這種默念，有著積極的自我暗示作用。這種情況，競技場上並不少見。

在一九八五年神戶世界大學生運動會上，以二點四一米的高度打破男子跳高世界紀錄的蘇聯運動員派克林，每跳一個新高度前，都要俯下身去繫鞋帶。即使當時鞋帶繫得很牢，他也要鬆開重新繫過。這是他的習慣動作。但是，這個旁人看來完全多餘的動作，卻是他「自我暗示」的進行曲。他說，每次繫完鞋帶，眼前似乎什麼都沒有了，只看見前面的橫竿，他要盡一切可能跳過去。派克林的繫鞋帶跟具志堅的念念有詞，可謂異曲同工。

那麼，自我暗示作爲一種常用的心理調整方法，具有哪些心理效用呢？主要有以下幾點：

第一，鎮定作用

人的心理十分複雜，經常要受外界情境的影響。尤其在對抗、競爭的條件下，對手創造一個好成績或工作領先了你，會造成你的心理緊張。本來你有能力超過他，但是因爲心理上的緊張，反而束縛了你潛在能力的發揮。自我暗示在這時就能有消除雜念、穩定情緒的作用。

第二，集中作用

這個作用跟鎮定作用密切相關。一件事情，尤其是有一定難度的事情的成功，總是離不開注意力的高度集中。只有全力以赴，才能取得成功，除此沒有別的捷徑。可是，人的注意力並不是說集中就能集中的。缺乏心理訓練的人，往往是到了注意力該集中的時候，卻出現心猿意馬的情況。怎麼辦？學會自我暗示，是一種比較有效的辦法。

第三，提醒作用

一位文豪說，當你想和別人吵架，並準備好某些詞語時，請你在嘴裡默念：「我一定不要讓這些詞語出口！」只要這樣去做，大多是吵不起來的。這位文豪在這裡介紹的，也是一種自我暗示的方法，它可以提醒人們不去做某些事情。當然，當你準備做某件事情，而又出現心理障礙如膽怯、緊張等情緒時，自我暗示也能有著正面強化的作用。例如夜間在鄉村小路上行走，有些怕走夜路的人，就可以用自我暗示的方法來鼓勵自己。

自我暗示的用處很多，範圍也很廣。但在剛開始進行時，往往效果並不明顯。這並不奇怪，人的心理調整不是一蹴而就的。要把原有的心理活動納入自己所期望的軌道，需要具有心理約束力。這種能力是要逐步培養的。不要因爲自我暗示的一時效果不明顯，或者想暗示而暗示不了，就灰心喪氣。所謂「萬事起頭難」，自我暗示的效果也有一個由小到大，逐步增強的過程。

下面是你在學習自我暗示時，需要牢記的五大原則：

1 簡單

你給自己制訂的暗示標語要簡單有力。例如「我越來越富有」。

2 積極

這點是極重要的。如果你說「我不要貧窮」，會將「貧窮」這個消極的觀念印在你的潛意識裡。因此，你要正面地說：「我越來越富有。」

3 信念

你的句子要有「可行性」，令你心理不會產生矛盾與抗拒。如果你覺得「我會在今年之內賺到一百萬」是不太可能的話，選擇一個你能夠接受的數目。例如「我今年之內會賺到五萬元」。

4 預想

默念或朗誦你自己定下的語句時，你要在腦海裡清晰地見到自己變成理想中的那個人。你永遠不會致富，除非你能夠在腦海中見到自己富有的模樣。

5感情

預想自己健康，你要有渾身是勁的感覺；預想自己能創造財富，你要有擁有財富的感受。當你朗誦(或默念)你的語句時，要把感情傾注進去，否則光嘴裡念著是不會有結果的，你的潛意識是依靠思想和感受的協調去運作的。

把握積極心理暗示，做你生命和生活的主人，然後走向成功！

反覆地×積極自我暗示

反覆是所有進步的基本旋律，也是宇宙的韻律。堅持不懈地努力能衝破一切阻力，掃除一切障礙。反覆地自我暗示，同一種思想不斷敲擊就會使它銘刻在我們潛意識中。

反覆的積極自我暗示對建立一個人的自信非常有效。自信的涵義是自己相信自己的價值與能力。自信有兩個特點：第一，自信絕非是固定不變的東西，即使同一個人也會因爲時間與狀況的不同，而呈現「充滿自信」和「毫無自信」的情況。第二，自信與不安完全是個人感受的主觀體驗，而不是客觀的東西。所以我們應該避免負面性的自我暗示，而多運用積極的自我暗示。

自我暗示能否成功，取決於能否堅持反覆練習。任何巧妙的暗示法，倘若不去反覆練習，效果一定會減半。

美國心理學家威廉斯說：「無論什麼見解、計畫、目的，只要以強烈的信念和期待進行多次反覆地思考，那它必然會置於潛意識中，成爲積極行動的源泉。」美國一位拳王每次接受完記者的採訪後，總忘不了說一句：「I am best!」(我是最好的)「我是最好的」就是一種積極的自我暗示，雖然事實也許並非如此，但又有什麼關係?反覆運用經常暗示「你」就會接受這種觀點，而永遠充滿自信！「事實」也會向你所想像的方向發展。所以歷史不會將大多數人都造成英雄，但生活在歷史中的每個人都不能沒有這種豪邁之氣。

在美國，有一種被稱之爲「六十秒PR法」的家庭生活遊戲。它的做法是：每天花六十秒鐘以演講的形式簡潔地描述自己的天賦和能力，以及自己應達到的成功目標。

這一遊戲實質上就是積極的自我暗示，因而可用作自信心理訓練。根據行爲科學的理論，一個人對自己失去信心，垂頭喪氣，沮喪抑鬱，必然產生一種厭惡和否定自己的自卑情緒。要克服這種不良情緒，你就要時常讚美自己的優點和長處，鼓勵自己在人生道路上勇敢奮鬥，對未來充滿信心和希望，以塑造出全新的自我形象。

該項訓練的具體要求如下：每天早起後和晚上臨睡前，各用一分鐘左右的時間進行積極的自我暗示。在自我暗示的前半部分，要選擇一些積極、肯定、富有激勵性的語言，並固定下來，天天背誦，做到反覆強化，例如：我正在進行自信訓練，我一定會越來越有自信的；我是有能力的；我在各方面都會越來越好；我是我生命的主人；活著，我感到充實與快樂；重要的是不斷行動；自信、勇敢、樂觀、實踐是我人生的宗旨。

完成了前半部分固定內容的背誦以後，後半部分可即興發揮。例如在演講過程中，還需要多提到自己過去成功的具體例子。當然，未來的目標也是必不可少的。這可分爲長期目標和短期目標。長期目標要富於想像和激發性，短期目標則應切實可行，具體明確。

一位哲人曾這樣告誡世人：「失去金錢的人損失甚少，失去健康的人損失極多，失去自信的人損失一切。」每件事都由信心開始，並由信心跨出第一步，所以在任何時候你都別丟掉了對自我的信心。

「我期望著與麥肯羅比賽」、「我期望著與麥肯羅比賽」……這是網壇明星倫德爾在與麥肯羅交鋒之前，每天都會在本子上寫下的一句話。原來，倫德爾與麥肯羅比賽了多次，倫德爾是勝少負多。久而久之，他對與麥肯羅的比賽有了一種恐懼心理。爲了培養其必勝的信心和勇氣，倫德爾的心理醫生建議倫德爾每天都要在筆記本上寫下本文開頭的那句富有挑戰性的話。

倫德爾的心理醫生所運用的這種方法，實際上是心理學上的一種自我暗示技術。所謂自我暗示，是人們透過諸如自我內部對話等等手段，對自我施加心理影響的過程。自我暗示的結果，往往使自己的觀念、心境、情緒、意志等發生轉變。因此它有著很強的實用意義。臨近考試，不少考生會產生頭暈、心慌、胸悶、焦慮等不良情緒反應，影響了他們考前的複習和考試水準的發揮。在這種情況下，如果能有意識地運用一下積極的自我暗示，往往會收到良好的效果。

反覆的自我暗示的方法從實質上來說，是透過運用一些自我激勵式的語言，使其積極的精神能夠漸漸地、悄悄地潛入到自我意識之中，直接對自我的思想、情緒和意志發生作用。產生這種效果的語言有很多，例如「我正在達到我的目標」、「複習是我非常喜歡進行的事」、「我這次一定能考好」「我對自己充滿信心」等等。考前反覆運用這些語言進行自我暗示，就容易鼓舞自己的鬥志，穩定自己的情緒。反覆的自我暗示應選用那些簡短、具體、直接、肯定的語言，同時最好伴之以往獲得好成績時的情景，或者想像即將取勝的成功場面，用鮮明的圖像方式加強自我暗示的效果。你要學會用自我暗示的方法改變自己。記住你對於你自己來說是最優秀的。

偉人之所以偉大，是因為別人放棄時，他卻在堅持。理解暗示的規律後，你就會清楚地知道，爲什麼在別人放棄的時候，你仍然要堅持。自我暗示的規律就是反覆。

經常反覆一種思想會產生信念，進而變得堅信不疑。反覆使最難的事變得容易，反覆使鑑別力更精準，使第六感覺更敏銳，使潛意識工作更加精確有效，能讓我們自然而然地會獲得顯著的成績。

開水之所以能沸騰是因爲不斷反覆加溫的結果。如果燒到攝氏九十九度就停止加溫的話，仍然只是溫水而不是開水。生活中許多的廣告都利用了反覆的心理規律。

一句話反反覆覆，一個表情反反覆覆，會在你的心理潛意識中輸入一個程式。要養成一個良好的習慣，就要掌握這一規律，那就是不斷地進行積極的自我暗示，不斷地反覆這種暗示。

人們看書，往往重要的內容也只看過一、兩次，你問他們看過嗎？他們說看過了。但是那些重要的知識卻沒能植入腦海中，過不久便已模糊不清了。這樣吸收到的知識只能算是瞭解、知道，卻很難做到，只會紙上談兵，不會實際使用。

知道的不算，做到才算。例如你明明知道面對客戶越是自然、放鬆、大方越好，可有時就是做不到，這也是因爲你還沒有形成這樣的行爲習慣。反覆暗示的積極作用可歸納爲以下七點：

1只有反覆才能消化知識，使其化為行動。

2不斷提高人的能力，用同樣的能力可以完成更多同樣的工作。

3單個過程會逐漸相互同步。

4我們的業務能力會不斷地改善，我們將越發感到安全可靠。

5每次反覆都會釋放能量，它會增強創造力。

6增強敏感性，潛意識更加精確地工作，使你有更強的適應能力。

7不斷地反覆一個信念會使人相信它，繼而堅信它（包括反面信念）。

知識只有在潛意識濃縮爲驅動力後，我們才能受到正面控制。練習也是如此，光知道潛意識工作原理和思考方法是不夠的，還必須要定期實踐它。因爲每次反覆都將帶來深化！

失敗者往往比成功者更聰明，但他們不願堅持到底，不願反覆一個信念。而成功者由於堅持到底，願意反覆一個信念，並在反覆之間克服了一切困難。這就是失敗者與成功者的最大區別。只有不斷反覆的人，才能消除潛意識裡的負面信念，最終獲得成功。

如何對待消極心理暗示

剛剛學騎自行車的人騎車上街，心裡特別緊張，怕撞到別人，心裡一直默念「別撞上，別撞上」，可是結果卻偏偏撞上。參加重大考試，告訴自己「別緊張，別緊張」，可往往是腦中一片空白……這其實都是心理暗示的原因，告訴自己「別撞上、別緊張」就是「我一定會撞上、我一定會緊張」！

在華沙，一群兒童在嬉戲。一個吉卜賽女巫托起一位小女孩的手，仔細看了看然後說：「妳將會世界聞名！」「預言」應驗了，這小女孩就是後來的居里夫人。一位工人下班後被鎖在冷凍庫裡，第二天被人們發現時已凍死了，而令人驚奇的是，那天根本就沒通電，冷庫裡只是常溫！

你或許聽過這些故事，但未必會去深究其中的道理。其實，世上並沒有什麼準確的預言，是女巫帶給居里夫人一種「成功」的信念；那位工人則是自己害死了自己，望著被關死的鐵門，心想：完了，這裡零下幾十攝氏度，我一定會被凍死了！這就是「心理暗示」，它能引導人走向成功，也能致人死亡。心理暗示在日常生活中隨時隨地都可以看到，它是用含蓄、間接的辦法對人的心理狀態產生影響的過程。它用一種提示，讓我們在不知不覺中接受影響。上課時，一個人打哈欠，許多人往往跟著打哈欠；有人咳嗽，你的喉嚨也會發癢。

現代心理學家做過一個著名的試驗。他們找來一個被判處死刑的罪犯，告訴他，他將被用刀割破靜脈，讓血慢慢流乾而亡。在徵得他的同意後，罪犯被綁起來，並被蒙住雙眼。然後心理學家明確地告訴他，現在開始用刀割開他的靜脈。但實際上，醫生只是用刀背在他手腕上劃了一下，然後在他的身邊放了一個滴水的裝置，使罪犯以為是他的血在滴落。開始的時候，聽到水滴落的聲音，罪犯不停地掙扎，表情很痛苦。慢慢地，隨著醫生故意逐漸將水滴落的速度減慢，造成犯人的血快流乾的假像，犯人也逐漸由掙扎變成痙攣，並在水快要滴乾時真的死去了。

這些例子所表現出的自我暗示，它的作用是消極的，故又稱為消極的自我暗示。我們在日常生活中，應該有意識地運用些積極暗示，適當地迴避消極暗示。

醫學專家會提出，「紅斑性狼瘡」、「多發性抽動穢語綜合症」和「腦梗死」三個沿用了幾十年的病名，由於病名難聽，容易使患者心理上產生恐懼情緒，不利於康復，建議將其更名。專家們認爲，「狼」是一個恐怖形象，「紅斑性狼瘡」給人感覺很可怕。大約百分之五十的患者會產生不良精神反應。而「紅斑性狼瘡」病名的由來，是因爲過去診斷的依據是患者血液中有一種像「狼瘡」的細胞。近年來，這種細胞已不再作爲診斷依據。專家建議，用「紅斑性結締組織病」這一名稱來代替「紅斑性狼瘡」。「多發性抽動穢語綜合症」也對患兒具有明顯的污辱性。這種疾病患者多爲少兒，主要症狀是喜歡眨眼、聳肩，並伴有類似動物叫聲等。「穢語」易使患兒產生自卑心理。專家建議將這一病名改爲「抽動發聲綜合症」。此外，「腦梗死」也會給患者帶來不良影響。有的患者聽到這個診斷結論後，會錯誤地認爲「腦子已死，沒希望了」。其實，這種疾病指的是腦部血管中的一段被阻塞而已，因此，專家建議用「腦梗塞」這個名稱。

可見，「消極暗示對人的心理影響還是很大的。但我們總不能任由消極的暗示肆虐下去，影響了我們的情緒和生活。這時，你就需要學會轉化，改變自己對事物原有的定義和認識，化消極暗示爲積極暗示。

「四」與「死」有什麼聯繫？回答曰：沒有什麼任何聯繫。在人們的日常生活當中，講「四」、遇到「四」有什麼不好？沒有什麼任何的不祥和不好。非但沒有不好，而且還是很好。有許多家的門聯不都是寫著：「門迎春夏秋冬福，戶納東西南北財。」橫批寫「四季平安」。此外，「四季如春」、「四方同慶」不都是很好很吉利的詞嗎？

有人在加油站看見一輛卡車，車牌號爲「4444」。他迷惑不解，就問卡車司機個中緣由：「爲何用這麼不吉利的號碼？」司機說：「你可能只知其一，不知其二。在音樂的樂譜裡，『4』的發音是『發』，車號應該讀爲『發發發發』！」說完哈哈大笑。這位司機可謂是轉化消極心理暗示的楷模！

人們愛在秋天的時候，一個人靜靜地待在樹下，看著眼前一片片飄落下的葉子，給人帶來的淡淡傷感，思索著人生、生命，是否會像這棵樹一樣，任憑光陰主宰所有，當時間到了盡頭，生命也隨之消逝呢？其實，消逝的東西僅僅是我們有限的生命，而人們存在於這世上的意義，被賦予了無限的生命，時間越久，反而越能夠展現它的價值所在。

雖然，我們的生命是有限的，但是，我們能不能在這有限的生命裡，努力去創造一些具有永恆意義的東西呢？我們需要奮鬥，只有這樣，才能活出一片屬於自己的天地，才能活得精彩。讓我們盡情地揮灑汗水，努力奮鬥，拋棄那消極的頹廢，迴避與轉化消極情緒，敢於發現和找回你自身的閃光點，活出你的生命價值。

用希望喚起行動的激情

對未來充滿希望，人才有不斷前進的動力。所以說成功的人都懷有一顆希望之心，他們對未來充滿希望，堅信明天可以比今天更加美好，所以他們才能有勇氣，有動力不斷前進。

理想是人生的奮鬥目標，是人對於未來的一種想像。有了理想，人類才可以按照它的方向去努力；有了理想，人類才能在艱苦的探索環境下堅持下來。當然理想不是幻想，它必須建立在真實的、客觀的個人條件基礎上，否則就是無根據的空想，是沒有任何現實意義的。

有了希望的心，有了理想的路，人才會明確以後的方向。不要在沒有思考，沒有分析前就消極地把事情打上不可能實現的標籤。事實上你要不斷告訴自己「我做的到」，有希望才能有動力，你才能在探索的過程中勇往直前，百折不撓。

能夠把絕望變成希望，不要因爲身體的缺陷限制自己對理想的追求，湯姆．鄧普就是這樣一個不平凡的人。

湯姆在出生的時候，只有半條腿和一隻畸形的右手。自從懂事以來，父母就一直告訴他，不要對自己的人生絕望，別人可以做到的事情，你同樣可以做到，甚至能夠做得更好。

小時候，湯姆和別的孩子一起參加童子軍隊，那些健全的孩子完成行軍十里的時候，湯姆也堅持走完了十里。

後來湯姆．鄧普發現了自己的一個優點：他可以把橄欖球踢得比其他在一起玩的人還要遠。

於是他讓鞋匠專門設計了適合他的身體特點的鞋子，然後他積極地參加了橄欖球隊的入隊資格測試。

出乎所有人意料的是，他通過了踢球測驗，還得到了衝鋒隊的一份合約。然而當教練看到他的身體狀況以後，遺憾地告訴他：他不具備成為職業橄欖球員的條件，應該去從事其他的事業。不過湯姆堅持要教練給他一個機會。教練雖然心存懷疑，但是看到這個男孩這麼自信，不忍心打擊他，終於答應給他一個機會。

在一周後的友誼賽中，湯姆．鄧普踢出了五十五碼遠的得分，讓教練也不得不對他另眼相看。

這次勝利使他獲得了為聖徒隊踢球的工作，而且在那一季中他得了九十九分。然後到了最偉大的時刻，球場上坐滿了球迷。

比賽只剩下了幾秒鐘，球隊把球推進到對方四十五碼線上。教練喊著：「湯姆進球！」

球傳接得很好，湯姆用盡全力踢著球，全場觀眾的眼睛都盯在這顆球上，同時為湯姆擔心著，這顆球能夠達到所期待的距離嗎？

球在球門之上幾英寸的地方越過，裁判舉起了雙手，三分，湯姆一隊最終以十九比十七獲勝。球迷狂呼亂叫為這一球而興奮，湯姆．鄧普雖然身體殘疾，卻為整個球隊的勝利贏得了最後一分，也為他的人生寫下了光輝的一頁。

當記者問他是什麼給了他如此巨大的力量時，他微笑著說：「對生活的希望，對生命的熱愛。雖然我的身體有些不利條件，可是我從來沒有放棄過對人生的理想。我覺得每一個人都應該對生活充滿希望。」

近幾年來，由於抑鬱症而選擇放棄生命的案例已經屢見不鮮。很多高知識份子，及一些事業有成的人都選擇輕生來結束自己寶貴的生命。在一封博士的遺書中，他曾多次提到由於時常感到生命沒有意義，絲毫尋找不到任何希望之光而選擇離開。

心理學家分析：抑鬱症大多來自於對生命的失望，患者由於心中缺少對未來的希望而容易選擇輕生。

要使人從抑鬱症中走出，除了藥物治療外，最關鍵的是要主動地調節自己的心態，無論遇到何種挫折都要對人生充滿希望。

對於每一個人而言，希望都是必不可少的。失敗的人具有了希望之心，便可以百戰不撓；成功的人具有了希望之心，才可以不驕不躁，繼續進步。

人生若沒有希望，就成了一片死海。大多數失敗平庸者並不是他們的能力有問題，而在於他們的心態。

沒有希望指引的人生，就像一艘在黑暗中航行的小船，很容易因爲一時的風浪而擱淺。

Chapter.05

情緒排毒，排除扼殺自己的情緒

每天，
或許會因為心中的「烏雲」
而工作煩悶。

也許會因為悶悶不樂而胃口全無……這些都是影響情緒的毒素。那麼如何撥開心中的謎團，排除毒素，迎接朝陽呢？

發洩是心理健康的保證

如果我們不能及時地發洩消極情緒，就會影響人的心理健康，進而會影響到身體健康。因爲，人們對於消極情緒的承受能力是有一定限度的，無法長期處於負面情緒之中。那樣，人的健康就會受到威脅。

高先生是某公司的副經理，他一向脾氣很好，從不流露任何不穩定情緒。前幾天，他在工作中遇到些不順心的事，雖然主要責任在對方，但還是受到不明真相的老總批評。高先生的委屈一直悶在心裡，連續幾天揮之不去，又不好意思發洩出來。好幾天，高先生都感覺有點胸悶、氣短和頭暈。他到醫院去檢查，醫生發現他的血壓有點高。

高先生很不解：「我每天持續鍛鍊身體還很熟悉養生之道，怎麼還是會有疾病呢？」

醫生說：「你的病可能與你這幾天心情不好有關。」

醫生還向高先生介紹道：「如果人們強行壓抑自己的情緒，例如煩惱、怨恨、悲傷和憤怒，這樣往往會影響健康，尤其是易使血壓升高。」

據調查，大多數血壓正常的人曾經哭泣過，而高血壓病人卻從不流淚。高先生出現這種症狀，主要是因爲他的心情過於壓抑。而且他性格內向、是不善於發洩自己情緒的人，除了易出現血壓高以外，還會引發神經衰弱、抑鬱症和消化性潰瘍等疾病。

當我們遇到煩惱、悲傷的事情時，不妨適當發洩一下自己的情緒，如在空曠的草坪上大喊，寫信、寫日記和上網聊天等，都有助於自我排解，獲得心理平衡，有益身心健康。如果身體因此出現了一些不適應的症狀，應到醫院就醫，切不可拖延時間，以免加速病情的發展。

現代人普遍都有心理亞健康的情況，長期處在這種情況下是很痛苦的。這些人煩惱、焦躁、憂慮、對自己不滿、對環境不滿，早晨睜開眼睛就會感覺很痛苦，感覺非常地煩惱，總而言之就是處於一種無窮無盡的煩惱之中。

當我們有這種現象出現時，要在心理方面學會正確對待自己，並且還要學會釋放自己。當我們感到壓抑時要學會哭，要和朋友哭、和家庭哭、和同事哭，尤其男性要學會哭。我們現在許多的人是在偽裝下生活著的，那不是活得很累嗎？如果哭出來就可以把心裡的不高興都發洩出來。我們的喜怒哀樂一定要及時地釋放出來。

我們要學會向朋友、同事、鄰居、家人傾訴。例如，當我們看電視節目的時候，要學會跟著電視裡的人物哭、跟著電視笑，要讓自己心中的壞情緒全都一起發洩出來。換個角度說，這也是一個排毒的過程，發洩可以把體內有毒的東西都排出去。

很久以前，在一個富裕的王國裡，有一位英明的國王，在他的治理下全國其樂融融。但是，國王有一個不為人知的煩惱，就是他的耳朵一天比一天長。

國王每天都擔心如果百姓知道的話一定會嘲笑他，因此，為了遮住長耳朵，國王特別定做了一頂大帽子。

國王每天都戴著大帽子，這件事引起了全國人民的好奇。但是，沒有人敢問，所以也沒有人知道國王長了一對長耳朵。

有一天，國王請宮裡最守信用的理髮師幫自己理頭髮。理髮師小心翼翼地脫下國王的帽子，看見國王的耳朵，嚇得直發抖。

「聽說你是個守信用的人我才讓你來幫我理頭髮的，我要你發誓，絕對不會說出我長了驢耳朵的祕密，如果你違背了誓言，我就把你關起來！」國王說。

理髮師不停地點頭說：「我絕對會保密的！您放心！」

當理髮師一回到家裡，鄰居就跑來問他：「聽說你進宮幫國王剪頭髮呀！那你知道國王為什麼每天都戴著一頂大帽子嗎？國王到底是不是禿頭呀？」

理髮師搖了搖頭，什麼也沒說。

但是從此以後，理髮師每天都會想：「國王有一對驢耳朵！國王有一對驢耳

朵！國王有一對驢耳朵！」他一直將祕密悶在心裡，最後悶到生病了。於是，理髮師去求醫。

「其實，你可以到深山裡挖一個洞，對著洞口大聲說出藏在心中的祕密，病就會好了。」醫生這樣子建議理髮師。

理髮師聽後立即就照做了，並對洞口大聲喊：「國王有一對驢耳朵！國王有一對驢耳朵！國王有一對驢耳朵！」

說完以後，理髮師立刻覺得輕鬆多了。接著，他用泥土把洞口埋起來，高高興興地回家去了。

幾年以後，一棵樹從那個洞口長出來了。有一天，一個牧羊少年砍下那棵大樹的樹枝，做成了一隻笛子。

沒想到，這隻笛子吹出來的聲音是：「國王有一對驢耳朵！國王有一對驢耳朵！國王有一對驢耳朵！」

不久，這個笛聲傳遍了城裡的大街小巷，最後，連國王也知道笛子說出「國王有一對驢耳朵」這件事情。國王非常生氣地說：「理髮師竟然沒有遵守約定！」

於是，國王就派人把理髮師抓到宮裡。

理髮師害怕地跪在國王面前，發抖地說：「國王陛下，我真的沒有告訴任何人這個祕密，請您一定要相信我！」

此時，窗外又傳來：「國王有一對驢耳朵！國王有一對驢耳朵！國王有一對驢耳朵！」的笛聲，國王氣得大罵：「你現在還敢說謊！」

理髮師靈機一動，對國王說：「國王陛下，您可以告訴大家，您的長耳朵是用來傾聽百姓的心聲，以便好好地治理國家。這樣大家反而會更加尊敬您，不會嘲笑您的！」

國王聽後，覺得很有道理，採納了理髮師的說法。

於是，國王把全國的百姓集合起來，然後脫下大帽子。大家看到國王的長耳朵，都嚇了一大跳。

國王鄭重地對大家說：「這是上天送給我的禮物，讓我用這對長耳朵聆聽你們的心聲，好好治理國家！」大家聽了，全都感動得鼓起掌來。於是，國王封理髮師為大臣，也因此更受到人民的愛戴。

由此可見，理髮師正是因爲把祕密說出來了，才排解了心裡的抑鬱，大家因此也都得到了幸福。發洩是心理健康的保證，我們在人生的旅途中，讓發洩伴隨我們的腳步，讓發洩鞭策我們追尋成功。

喊出你心中的鬱悶

當人們悲傷和痛苦時，總希望得到別人的幫助和分擔。但如果沒有合適的分擔人選時，我們就要學會自我宣洩、自我表達、自我釋放。

現代社會生活節奏越來越快，人們經常會遭遇諸如事業受挫、工作困難、人際關係緊張等情況，形成沉重的心理壓力。如果不能將這些心理壓力及時排解，就容易形成抑鬱症。這時如果大鬧一場，是可以理解的。但是，這樣做經常會帶來一些自己事後會為之後悔的不良後果。不發洩，埋在心裡，就可能為未來的一次爆發埋下了一顆種子，結果可能更不好。說到這裡也許大家會有疑問，那麼到底該不該發洩。

其實發洩是必要的，關鍵是選擇怎樣的發洩方法。在國外，針對人們的這種症狀，出現了一種名爲「喊叫療法」的新式心理療法。喊叫療法就是透過急促、強烈、粗獷、無拘無束地喊叫，將內心的積鬱發洩出來，進而平衡協調精神狀態和心理狀態。

喊叫療法的步驟如下：

(1)首先，找一空曠的地方，放鬆站立，深深吸入一口氣。在吸氣的同時，左、右手握拳，右拳抬起，高過頭頂，虎口向自己。

(2)其次，呼氣並且同時瞪眼發出哼的聲音，儘量延長，同時緊握拳。待氣出盡以後，再用最後的力發出哈音，同時兩手儘量張開。

(3)最後，進行第二次深呼吸。在吸氣同時，手勢同上；呼氣時，瞪眼，兩手儘量張開，同時發出「哈」的聲音。氣出盡時，再用力發出「哼」的聲音，同時緊握拳。在做哼哈吐納的同時，可以把那些曾經有過的不愉快的人和事發洩出來。

唱歌也是可以宣洩情緒的一種方法，當我們心情不爽時，不妨唱幾首高亢的歌曲，相信這樣就能把自己心中所有不快的情緒全都宣洩完了，也不影響他人。

另外，朗誦詩歌或優美的文章與唱歌和喊叫療法也有著異曲同工的作用。性格剛直者，可以選擇一些表現陽剛之氣、感情激越的詩文來朗誦，以便疏導怨憤之氣。性格柔弱者，則往往適宜於誦讀陰柔、纏綿式的作品，以此消弭鬱悶。

當我們感到鬱悶、感到生氣、感到不滿時，不如採取上述所說的三種治療方法，把鬱悶合理地釋放和發洩出去，舒暢你的心情。

找對你的出氣筒

每個人都會有壓抑的情緒，其實壓抑是一種錯誤的心理行爲。生活上的不如意，人際關係的緊張等等，這些都會造成我們的種種心理壓抑。適度的壓抑，不會過於影響我們的心情，因爲心情會自然地釋放出去，會自然地進行著自我的放鬆。如果壓抑過於嚴重，並且得不到及時的釋放，就會帶來危害。

如果我們想要保持在良好的心態下，就應當學會如何釋放種種心理壓抑。發洩我們心中壓抑著的怨氣、怒氣等種種心理壓抑，應以不傷害自己也不傷害別人爲原則。我們要學會如何發洩，用何種方式發洩。

當你心中對人或對事有怨氣時，可以將心中的一切怒氣、怨氣全部用筆胡亂地寫在紙上，讓糟糕的思維痛痛快快地發洩出來。無論寫了什麼話語，寫完後，就忘了它。過後，就燒了它，不要再記起它了，然後好好地休息一下，一切都會恢復如常的。這種方法的好處是既不會傷到別人，也不會傷了自己的心，完完全全地釋放了你那被壓抑的心。也可以說，你已經找到你心中的出氣筒了。

如果覺得在紙上寫還不夠發洩的話，也可以跑到一個沒人的地方，把一切氣話，完完全全地說出來。這樣自然會把壓抑的心情釋放出來的，只要你釋放了，心情就會輕鬆起來了。同樣，你在發洩的時候不會傷害到別人亦不會傷害到自己。

其實，除了上兩種方法外，我們還可以用笑來驅除心中的鬱悶。笑的時候要大笑，痛痛快快地笑，輕輕地笑達不到釋放作用。大笑在情緒上會產生一種極端的心理快感，不知不覺中，壓抑的種種心緒在大笑中就煙消雲散了。

如果我們想要常常擁有自然輕鬆的心理情緒，就要學會如何釋放我們的心靈。找到好的發洩方式和物件，即找到一種好的「出氣筒」，這將有助於化解壓抑和鬱悶。但是，選擇不好的「出氣筒」將會事與願違。

小傑的媽媽在他們家鄰里中以勤勞、忠厚著稱，但每當小傑心情不順時，便拿她當「出氣筒」。小傑是一個富有上進心的男孩，因爲每次把母親當成「出氣筒」，他都有一種深深的負罪感。但他無法很好地控制自己的情緒，經常爲了發洩而傷害無辜。

他總希望自己在各方面都做得好一點，但結果往往不如願。失敗、挫折、碰壁成爲他生活中的組成部分，以至於他產生沮喪、苦惱、氣憤等負面情緒。小傑把媽媽當「出氣筒」，不僅有悖於「報得三春暉」的天理人倫，而且他這種性格也讓他在自己事業發展的路上經常遇到挫折。

情緒在心理學上被分爲心境、激情、應激三種狀態。其中，心境是一種使人的一切其他體驗和活動，都感染情緒色彩比較持久的情緒狀態。它具有彌散性的特點。當一個人處於某種狀態時，看待一切事物都受其影響。良好的心境使人用一種積極的態度去處理事情；而不良的心境使人不管做什麼事都感到枯燥無味，並且還容易被激怒。

當人們情緒不好時，都會想發洩自己的心情，或找一個「出氣筒」來宣洩自己的心情，如惡聲惡氣、摔東西、怒目而視、破口大罵、動手打人等。這些攻擊行爲可能直接針對挫折的製造者，但當覺察出對方不能直接攻擊而心中的惡氣又要發洩時，就不如找個「出氣筒」來代替原有的人或事。這樣心情得到發洩，又不至於傷害到別人。就像《紅樓夢》中的「撕扇子作千金一笑」那一節裡晴雯撕扇子一樣，其實就是對寶玉責備的發洩。

情緒雖然不容易被控制住，但是我們要知道，它不是不能控制的。如果能找到一個好的「出氣筒」，把自己的情緒合理地發洩出來，這樣就會有事半功倍的效果。而如果我們只是爲了一時的快樂，不管三七二十一地亂發一頓脾氣，這樣只會爲自己帶來新的麻煩，甚至最後的局面都難以收拾。

我們要清楚地認識到，透過發洩來求得心理平衡是必要的，但選好你的「出氣筒」更重要！總之，當我們受到委屈，心情不好時不能一味地哭泣、叫罵、反擊，這樣是不能解決問題的。我們要學會用一種合理的方式發洩，也就是選擇一個好的「出氣筒」。

想哭就哭

人們總覺得自然界中的動物充滿著稀奇古怪的特徵和行爲，例如大象的長鼻子、雙髻鯊兩隻遠遠相隔的眼睛，還有沙丘鶴奇特而瘋狂的求偶舞蹈。其實，人們並不知道人類哭泣的行爲，遠遠要勝於動物的這些特徵和行爲。

也許，人們並不覺得自己的哭泣有什麼特別之處。我們經常哭泣，而且幾乎每天都會看到別人臉上的淚水。美國明尼蘇達大學以三百多名男性和女性爲樣本，進行了一項研究。結果顯示，女性每月平均要哭五次，男性則每月平均哭一次。

嬰兒出生後的第一件事就是放聲大哭，向所有人宣告：「我來了！」我們的哭泣之所以特別，並不是因爲哭喊聲，而是因爲充滿感情的淚水。動物或許會嗚咽、呻吟和號叫，但絕不會動情落淚，即便是與我們親緣關係最近的靈長類動物亦是如此。猿類與其他動物一樣，也有淚管，但它的功能只是清潔眼部、浸潤和保護眼球。而人類也許在遠古的某個時期，就已經懂得用哭泣來表達自己的情感。

導致流淚的變異，就像所有遺傳變異一樣也是一個「錯誤」。但這是很有用的錯誤，如果這個意外出現的基因，沒有讓遺傳它的生物獲得更多的生存機會，自然選擇早就把它淘汰了。問題是，我們的哭泣到底帶來了什麼好處?研究人員就此問題進行了深入的研究，目前已有了些眉目，掌控人類哭泣的生理機制，足以讓我們大吃一驚。

簡單地說，哭泣是人類的本能，人們會因爲疼痛、因爲悲傷、因爲高興而哭泣。複雜地說，這是一種高級的交流方式，它把人們緊緊聯繫在一起，而其他任何動物都沒有這樣的能力。我們的祖先由於這種聯繫的幫助而生存下來，而且不斷發展壯大，也因此人類成爲了地球上認知能力最複雜的生物。

哭是人們感情的自然流露，但是，很多時候哭泣被認爲是不堅強的表現。有句俗語叫「男兒有淚不輕彈」，男性遇到多麼巨大的壓力都不能哭泣。哭哭啼啼的女孩子也總是被父母和朋友訓斥，傳統觀念給予「哭」太多的道德壓力和束縛。在人們的觀念裡，哭意味著不堅強，沒有出息，是軟弱的代名詞。

但是，當人們遇到重大不幸和挫折時，會不由自主地哭起來，哭後心情就暢快些，比憋在心裡好受得多。可見，哭泣對人的心理具有保護作用，特別當人遭到嚴重的精神創傷，陷入可怕的絕望和憂慮時，既不思食，又不能眠，如果這時能大哭一場，就可能得到拯救。這從另一個層面上也說明了女人長壽的原因之一是因爲哭泣。

人們想要宣洩掉不良的情緒時，哭是十分有用的。從心理健康的角度講，「堅強」並不永遠是個褒義詞。

有位女士在美國去看當地的心理醫生。剛到心理診所，她就看見一個男子，聲淚俱下地哭著出門，而且哭得連背都在顫抖，她自然是持嘲笑的態度。但當她與心理醫生開始交談時，她逐漸被醫生引導得傷心起來，而且想哭，還是難以自己地想哭，並且漸漸開始痛哭起來。她從診所出來時也一樣地聲淚俱下，但哭完後，她倍感輕鬆。

在美國，有幾位心理學者對幾百名男女性分別做過研究，之後他們發現：被研究者痛快地哭過後，自我感覺都比哭前好了許多，健康狀態也有所增進。更進一步的研究發現，人們在情緒壓抑時，會產生某些對人體有害的生物活性成分。哭泣後，情緒強度一般可減低百分之四十，而那些不愛哭泣，沒有利用眼淚消除情緒壓力的結果是，影響身體健康、促使某些疾病惡化。例如結腸炎、胃潰瘍等疾痛就與情緒壓抑有關。還有心理專家研究發現，人悲傷時掉出的眼淚中，蛋白質含量很高。人們由於精神壓抑而產生的這種蛋白質，是對身體有害的物質，要是長期地被壓抑就會危害人們的健康。

眼淚在人類的情緒發洩中，一直有著很重要的作用。在情緒激動時流出來的眼淚帶有應激激素，是一種擺脫激動的最佳方法。選擇哭泣是一個明智的做法，即使哭泣會讓你難堪，但它表示你緊張的情緒已經到了有損健康的地步，而哭泣則可以減少對身體的危害。

我們無論是「私下」還是「當眾」流淚，作用一般都是積極的。哭泣將傷心轉變成一種實在而具體的東西，這一個過程本身就能幫助減少創傷感。眼淚以一種實物的形態使心理創傷具體化、形象化。這一過程的最終結果和笑一樣，並且在這個過程中，人們的緊張感會消失，獲得一種釋放的感覺，會感受到前所未有的輕鬆。

好萊塢一位著名影星曾說過：「當你得不到服務或者陷入窘境時，只要哭就行了。」雖然哭泣有利於身體健康，但是哭泣的時間也不能太長，不宜超過十五分鐘。壓抑的心情得到發洩、緩解後就不能再哭，否則對身體反而有害。因爲人的胃腸機能對情緒極爲敏感，憂愁悲傷或哭泣時間過長，胃的運動會減慢、胃液分泌減少、酸度下降，會影響食欲，甚至引起各種胃部疾病，這樣還會危害身體的健康。

當然哭也不能濫用，要適當地運用，不能凡事都用哭來解決。人不是簡單的動物，不能像動物一樣，重複情緒堆積、發洩的簡單過程。人是有認知功能的，有控制能力。如果一個人不積極主動地去化解遇到的困難和壓力，只會用哭來發洩，久而久之，他應對困境的能力就會降低。

現代人有時壓抑久了，難過時反而會覺得哭不出來。別著急，下面給大家介紹一個「不用洋蔥和辣椒自然哭出來」的妙方，這是美國一位著名心理學博士露絲發現的一種自然哭泣的方法。

(1)尋找一個隱祕的空間，舒服地坐下，將手放在胸前鎖骨的上方。
(2)呼吸只到手放的地方。
(3)急促地出聲吸吐氣，發出像嬰兒的哭泣聲，仔細傾聽其中的哀傷。
(4)回想傷心往事，允許自己流露軟弱。
(5)多次持續地練習，如太陽穴隱隱作痛，就是壓力累積過多，需要加強訓練。

古語道：「忍泣者易衰，忍憂者易傷。」可見該哭不哭對健康危害極大。難過時要盡情地哭，盡情地發洩，把心中的不高興都哭出來。

有人曾寫過這樣一段話：生活是蜿蜒在山中的小徑，坎坷不平。溝崖在側，摔倒了，要哭——哭就哭吧，怕什麼，不必裝模作樣！這是直率，不是軟弱，因爲哭一場並不影響趕路，哭一場能增添一分小心。山花爛漫，景色宜人，陶醉了，要笑——笑就笑吧，怎麼了？不必故作矜持！這是直率，不是驕傲，因爲笑一次並不影響趕路，笑一次能增添一分信心。在生活的道路上，要哭就哭，不必強忍住，盡情地發洩出來吧！

遠離空虛體悟人生

如果把人的軀體比喻作一輛汽車的話，那麼自己便是駕駛這輛汽車的駕駛員。如果你整天無所事事、空虛無聊，沒有理想，沒有追求，那麼，你就根本不會知道駕駛的方向，也不知道這輛車要駛向何方。這是一件可悲的事情，長期下來這輛車就必定會熄火。

小王是某家公司中一個年輕的職員，他與人聊天時經常說到：「每天，我像往常一樣地工作、生活，可總覺得心裡好像有些不對勁，似乎我並不知道爲什麼而工作、爲什麼去生活，總覺得沒有什麼方向感，常常會產生一種莫名空虛的感覺。周圍的其他同事，總是積極熱情地投入工作，即使玩也玩得很瀟灑。而我感覺什麼都無聊，什麼都沒意思。這種情緒讓我整天百無聊賴、心緒煩亂、寂寞不安卻又不知該怎樣解脫。爲什麼別人過得那樣充實，而我就常常感到空虛呢？」

小王提出的這種問題其實在很多年輕人的心中是普遍存在的，這就是我們通常所說的「空虛」。空虛主要表現爲沒有追求、沒有寄託、沒有精神支柱，並且精神世界一片空白，它是一種消極的情緒。

人們在空虛的狀態下常常缺乏正確的自我認識，過低地估計自己的能力，或缺少精神支柱，因而會產生憂鬱的情緒。

空虛的人們在工作中或學習中，一般都不思進取，沒有人生的奮鬥目標。這樣，自然無法體會到奮鬥的樂趣和成功的喜悅。千萬不要小看空虛感，它在不知不覺中能帶來的危害極大。它就像是人心裡面的黑洞，具有超強的吸力，一旦被捲進了黑洞，整個人也就被空虛感所縛。

布蘭妮結婚八年了，有一個五歲的女兒。在所有人的眼裡她是女人生活的典範，很多人都羨慕她現在的生活。

可布蘭妮卻說：「但他們不知道，現在的生活我真的是忍受不了了，我內心的困惑簡直讓我透不過氣來。」

「我與丈夫結婚後，他自己開了一家有二、三十位員工的公司。隨著公司規模的不斷擴大，他的收入也多了起來。我的生活習慣也隨著發生了變化。每月他會固定往我的帳戶裡存入幾萬元，平時只要我看見喜歡的東西，都會買下來。如果錢不夠用的話，只要我開口他都會給我，從來不過問我要做什麼。」

布蘭妮頓了頓又說：「在外人看來，這樣的生活表面上是很美滿的，可是我越來越討厭過這樣的生活。我覺得自己活得很空虛，每天穿著流行的時裝在辦公室裡好像行屍走肉，我內心很痛苦，但沒有人能夠理解我。我的痛苦來自我的丈夫，我們雖然已經結婚六年，但婚後的變化逐漸使我們彼此陌生，每天複製著前一天的生活，很無聊。

我丈夫是一個很內向的人，我們之間幾乎沒有任何交流。吃晚飯後，我就習慣地躺在床上，看看書，睏了就睡，他也一樣。六年的婚姻生活最和諧的，就是我無論在外面做什麼事情，都不需要提前和他商量，我只管去做就可以了。有時候，不管和朋友出去玩到多晚，只要打個電話給他，他就會開車來接我。如果晚上不回家打個電話告訴他就可以了，他也不會問我去做什麼了。」

「如果我要出去玩，只需要跟他說個地方，他就會開車帶我和朋友一起去。一路上他好像只是一個司機，從來不會多說一句，只聽我和朋友的歡聲笑語。」

布蘭妮長歎一口氣：「我們之間到底有什麼問題，我也不知道。每天我好像在和自己生活，白天在公司神經總是緊繃著，晚上回到家又只能看書，每天千篇一律。有時候，我都覺得自己快要崩潰了，快要瘋了。」

前不久，布蘭妮打算結束他們之間這樣的婚姻，但又放棄不了她目前的生活方式。丈夫可以滿足她物質生活的需要。以前她多次試圖和他溝通，但她改變不了他的想法，談過之後，他依然是老樣子。布蘭妮的朋友都說她是身在福中不知福，她們都不相信她的生活會是這樣。

古語云：「十年修得同船渡，百年修得共枕眠。」兩個人能走到一起，結婚生子，難得而不易。然而，生活追求的是幸福，幸福的內容不能只包括物質的富足，精神的需求和滿足感同樣重要，而且在一定程度上精神需求甚至超過物質。所以，物質保障和精神滿足對於美滿的婚姻來說，永遠是幸福這架天平上的兩個缺一不可的砝碼，只有這樣才不至於活得空虛。

對很多年輕人來說，空虛往往與「孤獨」、「寂寞」等詞有著相同的意義，但實際上它們是不同的。其中很重要的一點就是「孤獨」、「寂寞」，對於個人來說並不總是消極的，有時甚至標誌著一個人的獨特個性。而「空虛」在某種程度上來說有種消極的意義，長期的空虛只能消磨人的鬥志，侵蝕人的靈魂，使人最終走向毀滅。

其實，空虛的感覺只有空虛者自己才能切實體驗到，一般只可意會不能言傳，別人是難以真切體驗到的。所以，感覺空虛的人不太容易實現與他人的交流和溝通。如果自己再不努力進取的話，只會越來越緊地被空虛所包圍。

心理學認爲空虛是一種消極情緒的表現。空虛的人大多對理想和人生失去信心，對生命的意義缺乏正確認識的人。他們或是消極絕望，以漠然的態度對待生活，或是毫無朝氣，遇人遇事便搖頭歎氣。爲了擺脫空虛，他們或抽菸喝酒、打架鬥毆，或漫無目的地遊蕩、閒逛，或沉迷於某種遊戲，之後卻仍是一片迷茫，憑空消磨了許多大好時光。由此可見，空虛只能給人們帶來危害，真是有百害而無一利啊。

如果我們想要遠離空虛，遠離空洞的感覺，不如從以下幾點做起。

1要樹立崇高的理想

產生空虛的主要根源是對理想、信念及追求的迷失，所以樹立崇高的理想、建立明確的人生目標就成爲消除空虛的最有力的武器。俗話說「治標先治本」，要遠離空虛就要從根本做起。當然，這並不是一蹴而就的，但當你確立一個正確的人生目標，並堅定地努力前進時，空虛就會在不知不覺中消失了。

2要培養對生活的熱情

我們從不同的角度看生活，就能看到不一樣的世界。生活是美好的，就看我們以怎樣的態度去對待它。一樣的青天碧海，一樣的風和日麗，你可以積極地去感受大自然的美麗。你還可以認真地學習技能，幫他人做點好事，也能對自己的成功頗感自豪，從他人的感激中得到歡愉。當我們在每一天中都做些有意義的事情去填補生活中的空白時，就不會有心情和閒暇空虛了。

3 要積極提高自己的心理素質

人們由於心理素質不同，即使生活在同一環境中，有人遇到一點挫折便偃旗息鼓而輕易被空虛所困擾，有人卻能面對困難毫不畏縮而始終愉快充實。我們要加強心理素質的訓練，能夠在空虛剛萌芽之時，就及時地消滅它，不讓它有進一步侵襲的機會。請記住普希金的這句話，「生活不會使我厭倦」，這樣我們必能戰勝空虛。

不宜✕採用的宣洩方法

現代人在工作中或學習中累積了許多負面情緒，因而壓力非常的大，有時候他們需要尋找一個釋放的出口。

哪裡有需求，哪裡就有市場，有人就針對人們的這種心理需求，開辦了各式各樣的心理宣洩的「買賣」。

在國外，有一家發洩餐廳開業了，裡面的東西可以任由顧客隨便砸。該集團董事長在開業典禮時說：「人在生氣的時候都有一種破壞欲。由於現代社會的快節奏造成都市人群生理及心理上的過度疲勞，很多人都找不到及時妥當的處理方式，以致心情煩躁。本集團爲了讓人們能夠舒緩壓力、釋放心情，順應市場的需求，因而推出了這套『發洩』的服務。」

但是，他們沒有想到，人們心裡的鬱悶多半並不是物造成的。人的壞心情，其實最後針對的還是人。拿盤子桌子椅子出氣，時間久了，客人們也會覺得這樣已經無法滿足，而且需求不斷膨脹。長期下來，店裡人員的人身安全就會成爲一個嚴重的問題。

這種發洩方式實際上是以惡治惡，是一種暴力疏導。人有了鬱悶，有了不快，就到這裡來一番暴力發洩，且不說這本身就是一種損害和破壞活動，即使對發洩人本人來說，也確實沒有多大好處。

這種發洩一旦成了習慣，如果一個人靠暴力發洩減輕心理壓力，那麼，日子一長，必然影響這個人的言行，讓言行受到暴力的污染。

這種發洩也只能讓人一時心裡痛快，很難徹底解決心理問題。只有對心理情緒進行認真、細緻、科學的疏導，才能讓問題情緒出現根本性轉機，甚至變成人生成長的動力。

這種發洩公司的做法雖然暫時得到了人們的歡迎，但是絕對不利於人們長期的健康心理的成長。

曾有位網友在某網站論壇發帖，題為願給女性顧客提供「人體沙包」發洩，每擊打一分鐘「人體沙包」收費兩百元……人們應該透過心理保健、娛樂活動等健康管道排解自己的壓抑情緒，而不是透過如上的方法。

當社會提供專供發洩情緒的「人體沙包」之後，毆打真人的強烈快感就可能使女性對擊打「人體沙包」產生相當的「發洩依賴」。

當她們的情緒壓抑到無法排解時，就只能透過對男性身體的痛快擊打方能消氣，否則就無法奏效。

那麼，當這種排解方式令她們「成癮」後，就可能將家庭成員也當作能夠及時發洩情緒的「人體沙包」。

此外，雖然透過拳頭發洩了心中的怨氣，從心理上獲得滿足，但這是把自己的幸福建立在別人的痛苦上，從道德倫理觀上考慮也是不應該的。

現代社會生活壓力大，生活節奏快。舒緩壓力、釋放心情是必要的，但是還得講究管道和方式方法。用破壞和暴力來緩釋負面情緒，也許暫時能求得負負得正的效果，但破壞欲一而再、再而三地受刺激，人們的負面情緒很可能被無限放大。

用暴力只能暫時地緩解壓力，煩惱的根源得不到解決。例如你考試考不好，重度鬱悶下可以痛扁小布熊一番，暫時你是心情舒爽了，可是考試不及格的客觀事實不會因爲小布熊的無辜挨揍而改變。人需要透過健康的管道來釋放不良情緒，讓我們一起呼籲大家：請不要使用暴力的方式宣洩。

Chapter.06

快樂人生，一切由好情緒造就而成

情緒猶如天氣，
陰晴交錯，時好時壞。

壞情緒讓人頹廢與疲勞，好情緒造就快樂人生。學會調適自己的情緒，讓快樂的心情常伴左右。以一顆明亮的心情，迎接每天升起的新一輪太陽。心中若已裝不下煩惱，那麼，你的人生將是快樂的。

快樂是人生中最重要的東西

人們常會對一些利令智昏的人說「不要高興得太早」這句話。因爲「會笑的人總是笑到最後」。但是，從尋求人生幸福的角度來看，能夠高興得早一點，多一點，卻是一個聰明的抉擇。

人們一生中無憂無慮的快樂時光是很短暫的。孩童時父母緊盯自己的目光，上學時那做不完的功課習題，青年時代找個理想工作的艱難，人到中年時的沉甸甸的壓力，老之將至，又要爲子孫的景況開始憂心……煩惱就是這樣，時刻會出現在我們的面前。有些時候，如果我們不能從快樂、積極的角度來看待這一切的話，生活就會十分黯淡了。

快樂如同憂慮一樣，也是與生俱來的。我們不會忘記年少時第一次戲水的激動，不會忘記夏日放學路上抓蟋蟀的樂趣，不會忘記和家人親友溫馨相處的甜蜜。快樂就如同在我們不安時看到的一道親切的目光，在我們遭受挫折時聽到的一聲關懷的呼喚，在我們跌跌撞撞地摸黑走路時，前方出現閃亮的一點燈光一樣。只要心中有快樂，它就會永遠陪伴在我們身邊，可以盡情享受。

但是，對很多人來說，總是很難擁有快樂。美是到處都有的，對於我們的眼睛，不是缺少美，而是缺少發現美的能力，快樂就是生活中的美，只要你靜下心來仔細觀察，就會發現快樂無所不在。一個瀟灑快樂的人可以把地獄一樣的生活過得像天堂。反過來，不超脫、不快樂的人覺得天堂的生活就像地獄。忘卻悲傷、拋棄難過，我們要主動去尋找，才會擁有快樂。

有快樂伴隨的日子是難忘的，因此我們要學會如何抓住快樂。只要擁有快樂就等於抓住了生命的轠繩，抓住了幸福的金鑰匙。擁有快樂的人生，才是最有意義，最有生命力的人生！

每個人的一生都是短暫的，在這有限的時間中，每個人都會演繹著千百種不同的旋律，會有各式各樣的悲歡離合。不要在意世俗的名利與虛榮，只要把握住實在的生命，這才是人生的真諦。誰最接近生命的本質，誰就會變得更加單純而明淨，誰就會真正體驗到人生的快樂。

雖然，我們無法控制生命的長短，但我們卻可以控制自己生命的節奏，我們可以左右自己生命的快樂。如果我們願意，在我們的生命的進程中隨時隨地都可以找到快樂。山的快樂，就是從它胸懷的罅縫中奔流而出的激流和汩汩湧動的細泉；水的快樂，就是衝破重重障礙，將細流彙聚成江河，最終奔向大海；人的快樂，就是在人世間超越自我、戰勝自我，付出真情、感受真情！要擁有快樂並不遙遠，它就掌握在我們每個人的手中。

因爲生命是短暫的，所以我們在這短暫的時間裡應該活出快樂。短暫的生命時刻在告訴我們，你可以一時失去目前的所有，包括金錢、名譽、地位等等，但你卻不能失去生命的熱情以及付出熱情時感受生命的快樂。所以我們要在我們的一生中盡力去尋找快樂，不要讓不快樂的情緒控制住自己，要活出快樂的人生。

生命快樂的意義還就在於戰勝苦難的快意，在於衝破重壓的釋然。人生就像永遠在攀登高峰，它的快樂就在感受上升的喜悅；人生就像永遠在奔流的大河，它的快樂就在享受奔騰的快意。在困境中，我們應該學會克服困難，這樣才可以享受戰勝困難之後成功的快樂與喜悅。

人生中快樂是最重要的，我們在這有限的生命裡應該學會享受生活的醜與美、悲與喜、苦與樂！

找回屬於你的快樂

從某種程度上說，快樂地活著就算是成功的人生，所以誰都會渴望自己能夠更多地擁有快樂。然而快樂卻不是人人都能擁有的，於是有的人開始怨天尤人，怪上天不偏愛自己，怪命運多舛，抱怨事業不順、家庭不和……其實這些都無法決定你是否快樂，只有你自己才能決定自己是否快樂。

快樂是一種心境，也是一種精神狀態，如果我們想擁有隨時可以擁有。快樂發自你的內心，你可以隨時創造一種「我很快樂」的心境，我們不妨從下面幾點獲得快樂呢。

1 微笑

如果我們的情緒一直處於低落的狀態，例如垂頭喪氣地走路，打不起精神，這樣情緒就真的會變得很差。你要是一臉哭相，沒有人願意理睬你。

那麼要怎樣改變呢？很簡單，你只要深吸口氣，抬起頭來挺起胸，臉上露出微笑，並擺出生龍活虎的架勢就行了。微笑也會傳染到身邊每一個人的，如果你真誠地對一個人微笑時，那麼他也會回以笑容。

2 放鬆

懂得快樂的人總有這樣一些自勵的話：「我覺得快樂」、「我會在各方面幹得越來越好」、「我會越來越快樂」。你反覆地對自己說一些話，如「我很放鬆」、「我很平靜」等等，時間久了你就真的會覺得很放鬆、很平靜了。

3 回憶些有趣的事

心情不好時還可以幻想一下以前發生過的愉快回憶。放鬆你的下巴，抬起你的臉頰，張開你的嘴唇，向上翹起你的嘴角，對自己說「回憶些有趣的事」，這就是所謂的愉快的心理圖像法。

4 大聲講話

受壓抑的表現之一就是自信心不足，說話聲音會明顯地減小，從感覺上就矮別人一截。所以你要儘量提高你的音量，但不必對別人大聲喊叫。你只要有意識地使聲音比平時稍大就行。

5抬頭挺胸

那些遭受打擊、被別人排斥的人走路都很懶散，完全沒有自信。而相反，另一種人則表現出超凡的信心，他們走起路來比一般人快。當心情不好，壓力大時，不如抬頭挺胸走快一點，從心理上讓快樂滋長。

6利用自己的優點

我們不僅要善於發現自己的優點，還要學會利用自己的優點。如果選用得當，會讓我們更加快樂，快樂的來源是發現並利用你的真正的優點，這使你的自我意識變得更加美好，也就愈快樂。

7分享

一個人問上帝：「爲什麼天堂裡的人快樂，而地獄裡的人卻不快樂呢？」於是上帝帶他來到地獄，他看到許多人圍坐在一口大鍋前，鍋裡煮著美味的食物，可是每個人都又餓又失望，因爲他們手裡的勺子柄太長，無法把食物送到自己口中。

上帝又把他帶到了天堂，人們拿著長柄勺子快樂地把食物送到了別人的嘴裡。所以，懂得分享就懂得快樂。

8 感恩

當我們心懷感激時，憤怒就會減少，快樂就會變多。若一個人心中只有怨恨，心情自然好不起來。一句話說得好「思之而存感謝」。感恩的心可以給我們帶來更多的快樂。

也許，以上這幾點你無法一下子做到，但不必著急，可以慢慢來。因爲能夠決定你是否快樂的就是你自己的心態，調整好了心態也就擁有了快樂！

阿里和穆罕默德是很多年的老朋友了，但是有一次，阿里因為一件小事而打了穆罕默德一耳光，穆罕默德十分氣憤地跑到沙灘上寫道：某年某月某日，阿里打了穆罕默德一巴掌。

有一天，阿里和穆罕默德去爬山，當他們走到一處山崖時，穆罕默德一失足快要跌落山崖了，阿里及時拉了他一把。穆罕默德十分感激，於是在石頭上刻道：

某年某月某日，阿里救了穆罕默德一命。

阿里對穆罕默德的這種做法十分不解，穆罕默德微笑著告訴他：「我把你我之間的不快與誤會寫在沙灘上，是希望它在海水漲潮的時候就消失得無影無蹤；我把彼此之間的快樂和友誼刻在石頭上，是希望它能和石頭一樣永遠不朽。」

穆罕默德的做法是明智的，他放棄了悲傷，悲傷也放棄了他；他選擇了快樂，於是快樂也就選擇了他。

在我們的一生中要學會原諒別人的錯誤，並且給予他們鼓勵和改正錯誤的勇氣；用心記住別人對自己的每次幫助，並且心中充滿感激。這樣，你就會得到快樂。其實，只要我們選擇快樂，就會得到快樂。快樂就這麼簡單，相信你也能找到屬於自己的快樂。

發自內心的快樂

快樂並不神祕，也不是可望而不可及的，它們成群結隊，無時無刻都在人間遊蕩，就看我們善不善於發現。

快樂一般泛指人們獲得實現或得到完全滿足某種生理或精神方面的欲望時，身心產生的興奮愉悅的愜意快感。人生在世有各式各樣的快樂，不同的人也有不一樣的快樂。乞丐自有乞丐的快樂，國王自有國王的快樂，百姓自有百姓的快樂，畫家自有畫家的快樂，戀人自有戀人的快樂，苦行僧自有苦行僧的快樂。

快樂，是人類生理或精神方面的感覺，一種人生感受，一種生命的常規體驗。快樂與幸福有著密切的聯繫，是幸福的基礎，是孕育幸福的沃土，也是幸福的搖籃。但是，快樂並不等同於幸福，幸福是快樂的濃縮與昇華。幸福是更高精神層面的心理感受，幸福是從快樂中提煉出來的。

快樂與痛苦還是對雙胞胎，上帝將快樂、痛苦同時賜予了人類。品嚐過痛苦的艱辛與苦澀，才能體會出快樂的來之不易。獲得一時的短暫快樂很容易，但是想獲得一生的快樂卻是很難的。

一個人擁有快樂的多少，不僅與外界因素有關，還與自身的性格、內在素質有關。人生許多煩惱都是自找的。例如，用過高的甚至貪婪的欲望追求來囚禁自我，會將自己推入痛苦的沼澤，深陷其中而不能自拔。當我們因爲欲望得不到滿足時，不如想想「進一步刀山火海，退一步海闊天空」這句話。

我們應該發自內心地去感激身邊的人和事，還要感謝生活，無論生活是苦是甜。苦也好，甜也好，都是對我們的一種磨鍊，所以我們要快快樂樂地生活。感謝我們的父母，是他們讓我們有機會認識了這個精采紛呈的世界，是他們從小撫育我們長大。細細想來，父母那聲聲細小瑣碎叮嚀中，包含了無微不至的偉大的愛。感謝我們的老師，是他們教給我們知識、教我們如何做人，爲我們的理想指明了前進的方向。感謝我們身邊的朋友，他們那一個個友好的眼神、溫暖的話語、微小的幫助，讓我們產生共鳴，心與心貼得很近，一次次被友誼所感動。感謝我們的公司，是公司為我們提供了就業，提供了展示發展的空間，提供了施展才華的場所……總之，只有對萬物持有一顆感恩之心，才會從中獲得快樂。

要有寬大、無私的胸懷，才能常懷感恩之心。在生活中要保持平和、謙卑、豁達的生活心態，甚至有時要有阿Q精神，知足常樂，以一顆平常心去看待周圍的人和事。感恩是一種境界，一種快樂，一種智慧，更是一種責任。只有常懷感恩之心，我們的心靈才能在喧囂忙碌的生活中得到愉悅，並充滿積極、向上的活力。我們才能在困難面前不低頭，勇敢地接受一切挑戰，永不認輸。

知恩圖報是種傳統美德。現代人更應該常懷感恩之心，才能擁有快樂。只要人們獻出自己的愛心，那麼人生快樂才會無限！

豁然開朗的快樂

快樂沒有一個統一的標準，從不同的角度看，快樂也不一樣。在沙漠中行走了很久而未喝水的人，只要看到一絲綠意，就會感到快樂；在逆境中掙扎而傷痕累累的人，只要聽到半句鼓勵的言辭，快樂感便油然而生。

荊棘劃傷了手指，還好沒有傷著眼睛；登山時不小心，金項鍊掉下了懸崖，不過還好沒有危及生命……即使身陷困難中，只要仔細去探索，也能發現其中值得快樂的地方。快樂，不僅在於你從哪個角度去欣賞它，更在於你從哪個角度去看待它。

我們的精神生活和物質生活，都有賴於與他人互惠互利，不能總以自我爲中心。你付出了愛，別人會感激你，你也會感激別人接受了你的愛。這樣，你永遠都會生活在快樂之中。只要你付出的愛越多，得到的回報也越多，也越容易得到快樂。

很多人對待痛苦用加法，對待快樂卻使用減法，其實我們完全可以用除法來消除痛苦，用乘法來使快樂翻倍，選對角度可以令快樂加倍。生活中常有痛苦的荊棘和不幸的泥潭，快樂只在於一種角度。遇到不幸時，換一個角度看，痛苦的酒糟就可能釀製出快樂的甘醴。用快樂的心情看，即使從悲涼的風景中也能看到希望。從不同的角度看，快樂都不一樣，不同人的快樂也不同。我們不要拘於形式和表像，要善於挖掘快樂，發現快樂，這樣才能真正找到使自己快樂的方式。

小螞蟻非常羨慕可以在花叢中飛來飛去採蜜的小蜜蜂，也非常羨慕在森林中搬運木頭的大象。螞蟻被人踩在腳底，不能飛，又沒有力氣，多可憐！螞蟻思前想後，傷心欲絕。

誰知，蜜蜂和大象倒向螞蟻來訴苦。蜜蜂要辛苦地採蜜，大象要吃力地搬運，日子也不好過。螞蟻多好，可以自由自在到處爬行。螞蟻聽完小蜜蜂和大象的話後終於懂得，誰都擁有快樂，關鍵在於怎樣去看它。

可見，換個角度看同樣一件事情，就會有不同的結果。可是有些人爲什麼整天緊鎖雙眉，怨聲載道，一副「活不起」的樣子呢？怪只怪他自己愛鑽「牛角尖」，自尋煩惱。例如給他調薪了，他怨物價漲得比薪水快；工作安逸，他喊沒意思；公司效益好，說是肥了老闆；獎金少了又罵老闆無能……如此這般，看什麼都不順眼，無法換個角度看事情，自然也得不到快樂了。

如果我們都會換個角度看待問題，便會「茅塞頓開」，心中豁然開朗起來，全無了滿腹憂愁，只留下躍躍欲試的勇氣和信心。只要看准了目標努力去做，就會有成功的機會。即使不能大富大貴，也能精神愉快，何樂而不爲呢？選擇看事情的角度就會獲得快樂！

快樂無處不在

簡單生活就是一種快樂，欲望少一些，自由多一些，過自己的生活，走自己的路。每天以一副微笑的面孔去從容地面對世界，自己喜歡的領域追求著成功，這樣的生活也是一種平淡的快樂。

快樂與憂鬱總是伴隨著我們的一生，怎樣可以讓快樂充滿生活呢？很重要的一點就是心態平和，要盡可能地坦然面對一切，要學會自己找樂兒！一個人不可能天天都遇到高興的事，但是只要你學會找樂兒，坦然面對一切，快樂就在其中。

不用在意別人的閒言閒語，我們可以用同樣的態度對待人生中的困難。人的一生難免要遇到不順心的事，或不符合自己心願的事，我們就要學會在其中找樂子，千萬不要把自己拘泥在憂鬱之中。

沒樂學會找樂，生活中簡單的快樂無處不在。我們要擁有一顆感知快樂的心靈。無論在什麼環境裡，只要擁有一雙發覺快樂的眼睛，快樂就無所不在。窮人的浪漫，簡單的快樂，早餐的一碗清粥，清淡的小菜，與父母一起進餐也是種快樂。想想那些挨餓的難民，我們會發現即使與一家人坐在一起共進晚餐也是一種快樂。

快樂沒有一定的模式，沒有標準答案，但是它的內涵，卻是無限豐富的。只要你善於捕捉，用心靈去發現，哪怕是一條溫暖的簡訊問候，一句關愛的叮嚀，一縷初夏的涼風，瑣碎的日常生活一幕……只要你擁有一顆懂得享受快樂的心，就能感受到快樂。人生不如意十之八九，如果我們把眼光只停留在令人傷神、傷心之事，稍不注意就會一生都不樂。

如果我們在小時候因爲爬到鄰居家的樹上去偷水果吃，而被父母打罵心有怨氣；讀書時作業未完成，上課不專心，被老師罰站而心情鬱悶；戀愛時，因爲初戀情人離你而去，而長籲短歎，生活失去了趣味，彷彿天要塌下來了；工作時，上司不重視你，還處處找你麻煩，鬱悶，食不知味，生活失去了熱情；結婚後，和愛人吵架，孩子不聽話，感歎生活好累，好疲憊；物價上漲，工資沒漲，又說生活好艱辛；朋友欺騙你，而痛苦不堪；甚至於一個噩夢，一場風暴，都會讓你驚悸不安。這些不如意的事是每個人都會經歷的，但是如果你太注意這些，並且一直放在心中時，痛苦的心情將會伴隨你一生，揮之不去。與其這樣，不如讓自己活得灑脫一點兒，把過去的一切當成人生的一種經驗，就能找到樂子。

我們應該學會忘記，學會找尋生活中的點點快樂。哪怕只是一點點，我們也要用放大鏡把它放大，儲存進我們的心房。同事給你一句簡單的問候，哪怕是應付的；上司給你一句口頭的讚譽，哪怕是空頭支票；愛人的一頓可口飯菜；孩子考了一次好分數；遠方朋友一個電話問候；甚至一聲小鳥清脆的鳴叫……我們都要從中找尋快樂，這樣人生也將會充滿快樂。學會找快樂，這樣才能淡去憂愁，遺落傷痛！我們所生存的空間是多變的，我們擁有的一切也不穩固，友情、成功、財富、愛情隨時都可能溜走。

只有我們長期保持快樂的心境，快樂才會會伴你一生。每個人的心裡都有一片屬於自己的田野，在那裡，有喜怒哀樂，同樣也有著小小快樂，用我們純潔的心靈去發現、去感悟吧，快樂無處不在！

快樂×習慣，快樂性格

美國一家權威調查機構調查全世界二十二個國家人們的快樂水準，其中美國人的快樂水準最高，有百分之四十六的美國人認爲自己生活快樂。其次是印度，百分之三十七的印度人感到生活快樂。而只有百分之九的國人覺得自己活得快樂，國人的快樂水準是最低的。

人們有時候總是生活在過去痛苦的回憶之中，而看不到現在的快樂的日子。這種不斷湧現的痛苦回憶，嚴重影響著他們的生活品質。沒有一個人能隨時感到百分之百的快樂，正如蕭伯納所諷刺的那樣，如果我們覺得不幸，可能會永遠不幸。我們可以利用大部分時間想一些愉快的事，應付日常生活中使我們不痛快的瑣碎小事和環境，進而使我們得到快樂。我們已經習慣了小的煩惱、挫折、牢騷、不滿、懊悔和不安，既然這樣，我們也可以選擇習慣快樂啊。

在我們短暫的一生中，要學會如何從生活中尋找樂趣。所以應該抓住今天，主動地嘗試和體驗現在的生活，培養出快樂的性格。

下面就介紹一項加強人們現實觀的心理訓練：

用十分鐘的時間，造一些有關「此時此刻」的句子。句子要用「現在」「此刻」「今天」等開頭。例如：此刻我感到很高興；此時我對未來充滿信心；現在我正在做心理訓練；今天我要抓緊；現在我的精神振奮。

如果想要引導自己擺脫過去的痛苦和對未來的幻想，就要培養自己的現實觀。像剛才那樣用「現在」「今天」「此刻」這些詞來造句，時時提醒自己，並融入你的意識和潛意識之中。

倘若你中途就停止了心理訓練，那麼就得問自己是什麼原因讓你終止了練習？爲什麼你沒有堅持到底？你感覺疲勞了嗎？你是因爲造不出這樣的句子才停下來？還是自己沒有意識到怎樣停止的？

認真思考完這些問題後，繼續練習造句並補上不足的時間。一定要態度虔誠地做此項訓練，不要像和尚念經，有口無心，也不要自搞一套，隨意添減內容。

做這項心理訓練的目的是要培養和增強「你現在是怎樣做這事情」和「你正在做什麼事情」的感覺，以此來培養你關注現在而不是沉湎於過去的習慣，使你能重新把握住全部現實的生活，體驗到一種前所未有的感覺。

如果可以每天都堅持做此項訓練，這樣日復一日後，必能做到不再回憶過去的痛苦和空想將來，只會立足於現在。

另一個培養快樂的有效辦法：讓人們看到自身的實力所在。具體方法是：在一個特殊的調查問卷中找出自己最突出的五個能力。在其後一周的每一天裡，運用自己突出能力中的一項或多項。這些能力包括幽默感、積極性、美感、好奇心和求知欲等方面。經過這種訓練，可以利用一個人最重要的能力去完成可以帶來自我滿足的事情，進而產生快樂。

其實，快樂是一種心理習慣，是一種個性化的生活態度，是一種健康的性格。習慣是由於重複練習進而鞏固下來的一種行爲方式，快樂既然也是一種習慣的話，就說明它是也可以透過練習而產生的。就例如剛開始進行體育鍛鍊可能還不太舒服，一旦成爲習慣，不活動就會覺得難受，因爲它已變成生活的相應的部分，固定在人的行爲中了。培養自己快樂的習慣，改變積習，練習體驗，你就會發現憂慮、罪惡、敵意會慢慢消失，而快樂和自信會慢慢增加。

只有時時處處都尋找快樂、發現快樂，才能使快樂變成一種心理習慣。不順心的時候，在遇到悲哀的情景和無法避免的困難的時候，如果我們能以愉快的心情來對待它，那麼，它很可能就變得微不足道，變得有益且鼓舞人。養成快樂的習慣，微笑生活，我們就能成爲情緒的主人，而使情緒不受外界情況的所左右。請大家記住，快樂其實是可以練習的，只要練習出快樂的性格，一切壞情緒都別想干擾我們！

沒有不帶傷的船，只有不肯快樂的心

笑是一生，哭也是一生。既然如此，我們何不選擇天天開開心心，給自己一個希望，給自己一份快樂的心情，坦然豁達地面對人生帶給我們的一切困難與挫折？

但是，常常事與願違，痛苦經常伴隨著我們的左右。一次次心痛、一道道傷痕、一遍遍淚水，洗不去人生的塵埃，抹殺不了命運中的艱辛。在短暫的生命中何必跟自己過不去，放平自己的心，平淡地看待一切，就能在困難中發現快樂！

有些事例發人深省，想起來總能讓人獲益匪淺。讀上千遍萬遍，也不厭倦，如同一艘歷經磨難的船一樣，在生活中我們不可能會一帆風順，難免會有傷痛和挫折。我們也要像船一樣，不會因爲有傷就沉入大海，而是要更加明確前進的方向向前進。

世上不會沒有瑕疵的玉，幸福也是如此，但是只要有一顆肯快樂的心，就一定能夠看到幸福的存在。只要能掌控好自己的心舵，下達命令，支配自己的命運，尋找自己的快樂。如果想讓困難和不幸遠離自己，只要具備了淡然如雲、微笑如花的人生態度就很容易得到快樂。

不論在什麼樣人的人生中，都不會一帆風順的，沒有不遭受挫折與磨難的。只要我們願意，不管在什麼樣的人生都可以活出快樂。如果善於發現快樂，平常一些小事也往往能撼動你的心靈。快樂與否，只在乎你的心怎麼看待。只要願意改變你的人生觀點，那麼貧窮也能變得富裕，即使在平庸的生活中，也能很快樂。

任何痛苦與快樂都是取決於自己如何看待人生、如何看待事物。苦痛源於你的心境，快樂與否在於你的心態。其實，從一個微笑中、一聲問候中、一個會心的眼神中……都可以發現快樂。快樂是一種心境，普遍存在於生活的點滴中。

每個人的一生中都會經歷很多的風風雨雨，在某種程度上說，如何看待它們決定了我們以後的人生。在經歷痛苦的時候總會有一些朋友不時地給予你關心和照顧，用酸甜苦辣來充實你的人生，我們要善於從中發現快樂與幸福。

在這短暫的人生中，不能在悲歎中度過自己短短幾十年的光陰，而是要以一種樂觀積極的心態去尋找快樂，這樣才能讓自己過得更有意義。只要肯快樂就會獲得快樂，讓自己真正地成爲一個快樂的人吧！

TALENT tool

大大的享受拓展視野的好選擇

大拓 Talent Tool

永續圖書線上購物網
www.foreverbooks.com.tw

謝謝您購買 不抓狂的情緒控制術 這本書！

即日起，詳細填寫本卡各欄，對折免貼郵票寄回，我們每月將抽出一百名回函讀者寄出精美禮物，並享有生日當月購書優惠！

想知道更多更即時的消息，歡迎加入“永續圖書粉絲團”

您也可以利用以下傳真或是掃描圖檔寄回本公司信箱，謝謝。

傳真電話：（02）8647-3660　　信箱：yungjiuh@ms45.hinet.net

☺ 姓名：　　□男　□女　　□單身　□已婚

☺ 生日：　　□非會員　　□已是會員

☺ E-Mail：　　電話：（　）

☺ 地址：

☺ 學歷：□高中及以下　□專科或大學　□研究所以上　□其他

☺ 職業：□學生　□資訊　□製造　□行銷　□服務　□金融
□傳播　□公教　□軍警　□自由　□家管　□其他

☺ 您購買此書的原因：□書名　□作者　□內容　□封面　□其他

☺ 您購買此書地點：　　金額：

☺ 建議改進：□內容　□封面　□版面設計　□其他

您的建議：

廣告回信
基隆郵局登記證
基隆廣字第57號

新北市汐止區大同路三段一九四號九樓之一

大拓文化事業有限公司收

請沿此虛線對折免貼郵票，以膠帶黏貼後寄回，謝謝！